本书是教育部人文社会科学研究青年基金项目“汉语方位词句法语义演变史”（批准文号：11YJC740087）系列研究成果之一

汉语方位词
“左”“右”“东”“西”“南”“北”
发展演变史

The History of the Development and Evolution of
the Chinese Direction Words Zuo, You, Dong, Xi, Nan, Bei

施建平 著

暨南大學出版社
JINAN UNIVERSITY PRESS

中国·广州

图书在版编目（CIP）数据

汉语方位词“左”“右”“东”“西”“南”“北”发展演变史/施建平著．—广州：暨南大学出版社，2018.6
（先秦至清汉语方位词发展演变史研究）
ISBN 978－7－5668－1785－3

Ⅰ．①汉…　Ⅱ．①施…　Ⅲ．①汉语—名词—语言学史　Ⅳ．①H14－09

中国版本图书馆 CIP 数据核字（2016）第 063207 号

汉语方位词“左”“右”“东”“西”“南”“北”发展演变史
HANYU FANGWEICI ZUO YOU DONG XI NAN BEI FAZHAN YANBIANSHI
著　者：施建平

出 版 人： 徐义雄
策划编辑： 杜小陆
责任编辑： 王雅琪
责任校对： 李林达
责任印制： 汤慧君　周一丹

出版发行： 暨南大学出版社（510630）
电　　话： 总编室（8620）85221601
营销部（8620）85225284　85228291　85228292（邮购）
传　　真：（8620）85221583（办公室）　85223774（营销部）
网　　址： http：//www. jnupress. com
排　　版： 广州良弓广告有限公司
印　　刷： 虎彩印艺股份有限公司
开　　本： 787mm×960mm　1/16
印　　张： 15.75
字　　数： 300 千
版　　次： 2018 年 6 月第 1 版
印　　次： 2018 年 6 月第 1 次
定　　价： 49.80 元

总　序

汉语中的方位词是非常有特色的一类词，它属于名词的一个小类，但在句法功能上又与名词大相异趣。早在20世纪90年代，我就对汉语方位词产生了浓厚的兴趣，收集过一些材料，还为此写过一篇小文章（未刊），后来因为移情别恋于别的课题，就将方位词的相关材料束之高阁了。

2010年前后，我指导的第一届硕士研究生、目前在苏州职业大学学报编辑部就职的施建平同志来找我咨询有关教育部人文社科基金项目的申报事宜，我便竭力向他推荐汉语方位词研究这个课题，希望他花些功夫，做些源流梳理工作，对现代汉语中的方位词系统的形成脉络做个初步的揭示。施建平同志是个有科研激情的人，一旦碰到好的课题他是不会轻易放弃的。当他发现汉语方位词的发展演变这个课题在国内尚未得到很好开展的时候，就一头扎了进去，开始了研究前的一系列热身工作，并以此为课题申报了2011年度的教育部人文社科基金青年项目，结果获得评审专家的青睐得以立项。这也是苏州市职业大学建立以来所获得的第二个教育部人文社科基金给予资助的项目。

课题的跨度很大，从先秦开始一路追踪到清代晚期，绵延数千年。课题的难度之大，恐怕是施建平同志当初所未曾想到的。要做到精准描写，必须要计量；要计量，必须先要建语料库。有了语料库，披沙拣金的工作量就大得惊人，因为“前、后、上、下、左、右、东、西、南、北”等既可为动词，也可为方位词。披沙拣金之后，每一种用法在某部文献中的分布情况统计又是惊人的工作量。这也就是该课题原本计划于2014年结项，结果却一拖再拖的主要原因。

国内各级各类的项目一般以两到三年为研究期限，如果做一部专书语法专题研究，尚能从容对待，但是若对某一类语法现象做跨度千年以上的历时研究，则无疑显得紧迫。民间有慢工出细活之说，一切精品都是在雍容休闲的状态下反复打磨而成的；每天计算着时间的长短，被时间追着奔跑，是出不了好结果的。

在繁重的工作量面前，施建平同志显然压力巨大，便跑来求助，希望我能在计量统计的过程中施以援手。于是，苏州大学文学院的几位研究生便挺身而出，李璐同学承担了方位词“左、右、东、西、南、北”的计量统计工作，季林莉同学承担了方位词“上、下”的计量统计工作，胡敏韬同学则承担了方位词“内、外、里、中”的计量统计工作。虽然在这一过程中，几乎每个星期都有碰头会，大家交流在计量统计过程中碰到的疑难问题，我也尽量参加并给出一些建议，但个中的舛误仍然在所难免，我们也只能听取方方面面的意见并于今后的修订中加以完善。

既然答应给人作序，总得说几句好话。

这套丛书作为一个青年项目的结项成果，初步地且勉为其难地完成了汉语方位词从先秦到清代晚期的发展演变情况的大致勾勒和描写。在这个过程中，作者顺带也先后完成了对先秦、魏晋南北朝、晚唐五代、宋代、元代、明代、清代这七个时点的七部代表性文献的方位词句法语义特点的专书计量描写，为今后学人的深入研究和精确描写提供了可贵的资料。同时，在讨论过程中，作者能不时地印证前哲和时贤在方位词研究中提出的论断，也能对其中的一些论断提出自己的不同意见。

如《世说新语》中有单音节方位词单独作谓语的用例，因此，林晓恒在《中古汉语方位词研究》一书中指出《世说新语》中没有单音节方位词单独作谓语的例句，这种说法是不够准确的。

又如邱斌在其《古今汉语方位词对比研究》一书中将“齐侯不务德而勤远略，故北伐山戎，南伐楚，西为此会也”中的“北”视为作主语的用例，显然是欠妥的，此处的“北”修饰动词“伐”，应是作状语。

一部汉语方位词句法语义演变史究竟应该怎么写，施建平同志给出了他的初步解答。平心而论，他的解答就整体而言是略显粗糙的，但其筚路蓝缕，先行探索的首创之功还是值得肯定的。我倒是认为，施建平同志的探索实践，更大的意义在于抛砖引玉，引起学界对汉语方位词句法语义发展演变问题的关注，并在他初步勾勒的基础上建构一部更加翔实且令人信服的汉语方位词发展演变千年史。

曹　炜

2015 年冬

于苏州市区学士街学士花园寓所

前　言

近年来，方位词研究已成为现代汉语学界的热点问题，在进行方位词研究之前，我们有必要对学界方位词的研究有一个完整而清晰的认识。方位词的研究综述，已有学者做过阐述，但大都侧重于对现代汉语方位词研究的总结。我们在这里将从古代汉语方位词研究和现代汉语方位词研究两个方面对方位词的研究作一个全面的梳理。

古代汉语方位词发展绵延数千年，然而相对于现代汉语，其研究成果则相形见绌。学界对古代汉语方位词的研究大致体现在以下四个方面：

首先是对古代专书中方位词的计量研究。这一方面的研究成果包括梁桦的《〈左传〉方位词研究》、蔡言胜的《〈世说新语〉方位词研究》、蔡思杨的《〈朱子语类辑略〉方位词研究》等。其中，最值得关注的是蔡言胜的这本关于中古方位词的研究著作，该书指出：中古汉语方位词系统内部存在严重的发展不平衡；《世说新语》后置方位词较之先秦使用频率大增，且有泛化和虚化的趋势，其前可依附的名词范围大为扩展，空间方位词的时间、状态隐喻功能，到汉魏以降大有发展；《世说新语》等中古文献中的后置方位词在语义指称上对其前的参照名词有一定的选择性。蔡言胜的这篇文献具有很高的学术价值，作者通过历时比较，从认知语言学的视角剖析了《世说新语》等中古文献中方位词的使用情况，弥补了中古汉语方位词研究中的不足。

其次是对古代汉语方位词的断代研究。如甘露的《甲骨文方位词研究》一文认为甲骨文方位词根据其构成，可以分为单纯方位词和复合方位词，其中，单纯方位词由一个语素构成，有“东、南、西、北、上、中、下、左、右、后”共10个；商代复合方位词还不够完善，构词时语素的排列还有一定的随意性；甲骨文方位词以单义词为主，不过也有一词多义的现象，另外，甲骨文方位词的语法功能也具有多样性。这是关于甲骨文方位词研究为数不多的一篇文章，对于后来金文、先秦文献中方位词的研究有重要的意义。张静的《先秦汉语方位词流研究》将“东、南、西、北”及其组成的合成方位词称为“太阳方位词”，将“左、右、上、下、前、后、内、外”等称为“人事方位词”；先秦时期空间词、合成词产生，方位概念和实体概念开始分离。本文献选取了19部先秦典籍进行封闭式研究，勾勒出了先秦汉语方位词的全貌。

再次是对古代汉语方位词的个案研究。有关这方面的研究著述这些年来比较多，选择的角度大多是方位词的语义探源，如汪维辉的《方位词“里”考源》一文认为方位词“里”是从名词“表里”的“里”转化而来的，而其差别就在于三维空间和二维空间的不同，汪维辉对其用法作了历时的研究，让我们对“里”的发展轨迹有了清晰的认识。张雪芹在《“南”字溯源及其文化意蕴》中指出：最初“南”是一种乐器，后指代一种祭祀时的乐曲，并引申出用“南”来表示方位，这是作者在郭沫若和张富祥先生研究的基础上做出的猜想，对于我们认识“南”在中国古代文化中的内涵有很大帮助。还有一些研究是基于语义探源基础引发的对中国古代尊卑观念的探析，如常林炎的《尊右、尊左辨》一文，该文认为秦汉以前主要是以右为尊的，关于尊左现象，除少数特定环境（民俗等），其他多与阴阳、五行、吉凶等抽象乃至神秘观念相联系，尊右是常，尊左是变。作者用《老子》《礼记》《汉书》等古代典籍中的用例来具体论证自己的观点，并对学界中一些尊左的论据作了驳议，是一篇经典的学术论文。

最后是对古代汉语方位词的功能特点的研究。唐启运的《论古代汉语的处所方位名词》应该是最早对古代汉语方位词功能特点进行较为全面概括的文章，该文论述了古代汉语方位词在语义表达上的作用以及单独或组合入句后的多功能特点，且将处所方位名词归为名词，指出其数量不止一般说的十几个；余心乐的《方位词在古汉语中的动词功能》一文通过对几个典型的单纯方位词的语义分析，列举了它们在古代典籍中的若干用例，得出了古代汉语方位词兼有名词和动词功能的结论，文章对字形、字义的分析对于我们研究其他方位词在方法上提供了指导。祖生利的《元代白话碑文中方位词的格标记作用》一文认为，汉语方位词的后置性特征与蒙古静词等变格成分一致，宋元时期汉语方位词的意义与用法也与其一致，指出了中古汉语方位词的格标记作用，对研究少数民族方位词的使用有重要意义。

除此之外，还有一些研究古汉语方位词的专书著作，如林晓恒的《中古汉语方位词研究》，该书从语义和语法相结合的角度来探讨中古汉语方位词系统的基本情况、方位词系统的演变轨迹、不同词义类方位词的特点及方位词之间的关系。杨伯峻和何乐士的《古汉语语法及其发展》一书认为“上、下、左、右、东、西、南、北”等词在古代基本上是名词，也常和其他一些名词结合，同时讨论了方位词的兼类问题。李佐丰的《先秦汉语实词》认为方位词是一个封闭的词类，可分为具体方位词和抽象方位词，并总结出了先秦汉语方位词的两大特点。张文国和张能甫的《古汉语语法学》主要分析了古代汉语方位词前加“之”“以”“而”的情况，并具体探讨了方位词的句法功能。祁永华的《文言句式》将方位词归为名词的一个附类，重点对方位词的使动句、宾语前置句作了探析。总体而言，古代汉语方位词研究呈现出研究上的不平衡、不深入的特点，微观分析和宏观比较都相对不足，仍有很大的研究空间。

相较于古代汉语方位词的研究，现代汉语方位词的研究取得了丰硕的成果。尤其是近年来认知语言学和语用频率统计在方位词研究上的运用，在现代汉语方位词研究方法上具有开拓性的意义。具体成果主要体现在以下几个方面：

（1）方位词的共时研究和历时研究。

现代汉语方位词的共时研究主要体现在对方位词语法的描写上，同时也与语义相结合。较早对方位词进行穷尽性统计分析的语言学家为吕叔湘先生，他以陈士和评书《聊斋》中的两篇和老舍《骆驼祥子》的前八章共十万字为研究材料，对其中的方位词进行了统计研究，并围绕不同方位词的使用情况、表示同一方位的单音节方位词和双音节方位词的分工条件以及表示同一方位的几个双音节方位词的用法的异同这三方面展开论述。吕叔湘先生在文中提出了方位词“泛向性”和“定向性”的双重意义，取材精当，方法科学，在国内语言学界较早使用了特定语料的穷尽性统计分析方法，结论准确，堪称语言学“方位词”研究史上的经典之作。后来的学者也有一些借鉴了吕叔湘先生的研究方法，如赵元任先生结合语料的统计指出，在有方位词的复合词里，“上”和“里”的结合能力几乎是无限的，而它们的反义词“下”和“外”以及“里”的同义词“内”就差得多。

“语言共时的变异现象是历时演变过程的反映”①，通过对方位词的历时研究，我们可以洞察语言变化中的特点，发现其中的规律性。储泽祥的《汉语空间方位短语历史演变的几个特点》一文从结构方式、结构类别和语义方式上总结出了空间方位短语在历史演变过程中的规律，并得出了方位短语在结构方式上由多种方式发展为单一方式，类别的发展具有不平衡性，其历史演变与民族空间认知能力有密切关系这三个结论。总体而言，这篇文章对方位短语历时研究的文章高度凝练、结构清晰，对我们研究上古到现代汉语方位短语有很大的启发。邱斌的《古今汉语方位词对比研究》几乎描绘了古今方位词的全貌，对以 14 个核心方位字为主的方位词和方位短语进行了古今对比，同时运用了现代流行的认知语言学的研究方法，具有极高的学术价值。

（2）现代汉语方位词的个案研究和研究的专书。

现代汉语方位词的个案研究覆盖面广，形式多样，其中包括单个词的研

① 王文格. 现代汉语形谓句优先序列研究［M］. 北京：中国社会科学出版社，2010.

究，如窦融久的《方位词“上”管窥》；也有对举方位词的研究，如张乃一的《“左”“右”纵横谈》；也包括几个或几组方位词的研究，如陈楠的《浅谈“前后/左右/上下”》。方位短语的研究有储泽祥的《汉语“在＋方位短语”里方位词的隐现机制》、周卫红的《“×＋上下/前后/左右”的约量表达研究》等。个案研究的论文数量多，内容分布广，既有语法研究、语义研究、词汇研究，也有文化、心理等方面的研究，此处不再赘述。

随着对方位词研究的不断深入，关于现代汉语方位词研究的专著也越来越多。储泽祥的《现代汉语方所系统研究》一书全面而深入地考察和描写了现代汉语的方所系统，在现代汉语语法研究史上第一次为现代汉语方所整理出了一个“标系统”，在研究方法上重视“表—里—值”三角研究方法的运用，受到了学界的一致好评。齐沪扬的《现代汉语空间问题研究》是与《现代汉语方所系统研究》同时代的作品，作者认为汉语空间关系的表达，除了涉及方位词，还涉及了介词、趋向动词、动词、处所动词等各个方面，这本书在描写汉语空间系统的基础上总结出了一些简明的语言规则，对方位词的一些方面作了合理的解释，同时该书采用了现代汉语先进的研究方法，有很大的创新性。王红厂的《复合方位词“前后”“左右”“上下”研究》一书对反义复合式方位词“前后”“左右”“上下”进行了深入的挖掘，运用了语义功能语法的框架理论，吸收了当代认知语言学、功能语言学和配价语法等理论方法，前人未曾像王红厂先生这样系统地对这三个词进行过研究。

（3）认知视域下的方位词研究。

认知语言学是在吸收了语用学、生成语义学和认知科学等诸多成果的基础上形成的一种研究方法，它注重语言结构的理据分析和解释，正逐渐成为汉语语法研究的一个新热点。因此，从功能和认知上对方位词和方位结构进行研究越来越受到学界的青睐。廖秋忠、沈家煊、崔健、方经民、刘宁生等诸位先生在这方面做出了卓越的成绩。廖秋忠在《空间方位词和方位参考点》中指出位置参考点选择的两个基本条件以及一个次要条件，同时参考点的范围受具体语境的控制，根据语境位置参考点与方位词所指的两种位置关系将方位词分为两类；方经民认为“方位参照是指观察者利用参照点、方位词描写某一客体所处的空间、时间的方位辖域”，并把认知和叙述者的动机联系起来确定位置参照点。认知语言学不仅是一种理论，也是一种方法，在运用认知研究方位词的过程中也存在一些争议，认知视域下研究的不确定性使得一些学者并不认可使用这种研究方法所得出的结论。

（4）方言方位词研究和汉外方位词的对比研究。

方言中的方位词研究也是现代汉语方位词研究中重要的一部分，如郑懿德《福州方言的方位词》将福州方言的方位词分成单音节方位词和合成方位词两类，合成方位词又可分为双音节和三音节方位词两类。中国语文杂志社编的《潮州方言》论述了现代汉语方位词中使用频率较高的一些词在潮州方言中的不同用法。方言中的方位词研究在整个汉语方位词研究中显得比较薄弱，这也是我们今后在方位词研究方面的一个重点工作。

将“汉语置于世界语言变异的范围内来考察”有利于加深我们对汉语特点的认识，在这方面，沈家煊和崔健的论述最有代表性。沈家煊先生对英汉两种语言在目标体和参照体的次序、方所关系的表达等方面作了对比分析，指出汉语在表达空间关系上比英语有更强的由参照体到目标体的顺序倾向。崔健先生对韩语和汉语的方位隐喻和空间关系在结构形式、语义表达上作了对比分析。此外，在一些汉外语言研究的专书中也涉及了方位词的比较研究，如裴晓睿的《泰语语法新编》比较了泰语和汉语方位词的用法。迟军的《汉译日基础教程》涉及了汉语和日语方位词的比较研究。方法上，语序类型相关研究开拓了方位词研究的视野。

总体而言，汉语方位词的研究呈现出以下几个特点：

①现代汉语方位词研究成果丰富且深入，古代汉语方位词研究较薄弱；②以语法和语义研究为主，训诂学方面研究不足；③以方法见长，其中认知语言学成果丰硕，发展迅速；④方位词的研究专书还较为稀少。

在了解了汉语方位词研究的基本概况之后，我们也有必要对本书研究的基本方法和所依据的文献语料情况作个梳理。

本书以七种重要的文献为语料，对方位词中的“左”“右”“东”“西”“南”“北”的语义、句法功能的演变进行了详尽的描述。相关文献及成书年代见下表：

文献名	成书年代
《左传》	战国初期
《世说新语》	公元425年
《祖堂集》	公元952年
《三朝北盟会编》	宋代
《元刊杂剧三十种》	元代
《金瓶梅词话》	明代
《儿女英雄传》	清代

本书的研究方法主要有：

① 语义研究和语法研究相结合。根据方位词的特点，词语的语义往往是通过与某种句法关系相结合而实现的。本书通过语义和句法相结合的方法对方位词“左”“右”“东”“西”“南”“北”作了较为深入的分析，揭示了其发展与演变规律。

② 共时描写与历时比较相结合。对方位词的历时演变考察，首先是建立在对每个共时层面的细致考察的基础上的，只有把共时层面与历时层面相结合进行分析比较，才能将其发展演变脉络清晰地整理出来，发现内在规律。

③ 描写归纳和解释分析相结合。经过调查、统计，我们可以得到大量相关实例和数据。我们把研究重点放在对这些实例和数据的解释上，并在解释时注意相关理论的运用，如将语言现象置于语法化理论的框架中去讨论等，力图揭示出这些数据所包含的历时演变事实。

④ 定量分析与定性分析相结合。所谓定量分析，就是对处于随机状态的某种语言现象给予数量统计，通过频率、频度、频度链等量化形式来揭示这类随机现象背后所隐藏的规律性。当然，对某现象规律的考察离不开定性分析，所谓定性式方法，即研究主要凭借的是研究者对材料的主观感受和判断。由于定性式方法是主观判断，所以带有一定的不确定性，往往容易造成歧义的产生，因此我们要在充分准备了确切的语料的前提下，坚持在定量分析的基础上作定性分析。

施建平

2015 年 1 月

目　录

第一章　先秦至魏晋南北朝“左”“右”“东”“西”“南”“北”的历时演变

先秦与魏晋南北朝时期的语言有很大的差异，汉代又处于过渡时期，如将两个时期的语言贯穿起来，便足以看出语言变化的痕迹，方位词早期的发展演变也就有了一个清晰的脉络。这一章我们将对先秦至魏晋南北朝时期的方位词“左”“右”“东”“西”“南”“北”进行全面的描写，我们考察依据的文献是先秦时期的代表性文献《左传》和魏晋南北朝时期的代表性文献《世说新语》。

第一节　“左”“右”的语义演变

“左”“右”在早期汉字中分别写作“𠂇”“又”，这两个字分别具有左手和右手之形。甲骨文中的“左”和“右”也并不是我们今天看见的“左”“右”。《说文》对“左”字的解释是：“左，手相左助也。从𠂇、工。”段玉裁注：“左者，今之佐也。《说文》无佐也。𠂇者，今之左字。”《说文》对“右”字的解释是：“右，手口相助也。从又，从口。”段玉裁注：“又者，手也。手不足以口助之，故曰助也。今人以左右为𠂇右字，则又制佐佑为左右字。”“右”，臣鉉等曰：“今俗别作佑。”徐锴注《说文》中“右”字时言：“言不足以左，复手助之。”《毛传》：“左右，助也。”由此可见，“左”“右”本得义于左右手，引申则为“助”。①

---

① 关于“左”“右”字源的考释，见《汉语方位词“前”“后”发展演变史》第三章“甲骨文、金文方位词研究”。魏励将“左”的源流描述如下：“表意，甲骨文象左手形；金文1从又从口，又即手；金文2把口改为工，口或工都代表物体，左手在物体左边，隶定为‘左’。本义为左方（面朝南时靠东的一边），引申为东边、附近、较低的地位等，假借为佐助（后作‘佐’）、革命的或进步的，又假借为偏邪不正，由此引申为违背不合、错误等。”（见魏励. 常用汉字源流字典. 上海：上海辞书出版社，2010年）魏励等基本上将“左”在古代的各个义项的来源作了说明，其对甲骨文和金文中“左”的解释似有一定的道理，但我们认为将“左”的本义定为“左方”欠妥，学界大多认可许慎提出的“左”“右”的本义为左右手的观点。

一、“左”的语义演变

(一)《左传》中“左”的语义类别

《左传》中“左”的语义类别主要有：

“左”指左边，表位置。具有这类语义特征的“左”在《左传》中共有28例，例如：

城濮之战，晋中军风于泽，亡大旆之左旃。(僖公二十八年)

郑子元请为左拒以当蔡人、卫人。(桓公五年)

彭名御戎，蔡景公为左，许灵公为右。(成公二年)

具有这类语义特征的“左”在《左传》中大多以“左×”的形式出现，也有部分单独作语法成分，指代“车左、左广、左军”等专名，一般表示方位义的延伸义。

“左”指向左，表方向。具有这类语义特征的“左”在《左传》中有7例，例如：

赵孟曰：“吾左还，入于宋，若我何?”(襄公二十七年)

叔孙使梁其踁待于门内，曰：“余左顾而欬，乃杀之。”(昭公二十四年)

书左，弥先下。书与王猛息。(定公九年)

“左”表左手。具有这类语义特征的“左”在《左传》中有4例：

若不获命，其左执鞭弭、右属櫜鞬，以与君周旋。(僖公二十三年)

左并辔，右援枹而鼓，马逸不能止，师从之。(成公二年)

狄虒弥建大车之轮而蒙之以甲以为橹，左执之，右拔戟，以成一队。(襄公十年)

持带，遂超乘。右抚剑，左援带，命驱之出。(襄公二十三年)

“左”表不顺，不合，不适当，引申为不相助，与“右”相对。[①] 具有这

---

① 上古人大多尊右卑左。孔颖达在《左传》疏中说：“人有左右，右便左不便，故以所助为右，不助为左。”宋毛晃在《增修互注礼部韵略》中说：“手足便右，以左为僻，故凡幽猥，皆曰僻左。”由此我们或许可以找到上古人尊右卑左的理论基础。但《左传》中还存在“尊左卑右”的现象，经考证，春秋战国时期车上尊左，一方面由于辀在车行中起着调善安定的作用，左位舒适，不易疲倦，优于右位，所以尊者居左；另一方面御者和侍卫者在右，便于操作行动。此外，“楚人上左”在学界备受争议，大多数人认可楚人上左，是对楚人的军备而言。即便是说楚人的整个社会风尚也是“上左”的，它也是对局部而言的，当时的楚与诸夏地区习俗是不同的，这不能作为“尊左”论的史实。参见常林炎．尊右、尊左辨［J］．北京师范大学学报（人文社会科学版)，1989（5)：23－28.

类语义特征的“左”在《左传》中有2例：

范宣子曰：“天子所右，寡君亦右之。所左，亦左之。”（襄公十年）

南遗谓季孙曰：“叔孙未乘路，葬焉用之？且冢卿无路，介卿以葬，不亦左乎？”（昭公四年）

《左传》中“左”的语义分布情况见下表：

参数	语义类别			
	左边	向左	左手	不顺，不合，不适当，引申为不相助
数量	28	7	4	2
比重	68.3%	17.1%	9.8%	4.9%

（二）《世说新语》中“左”的语义类别

发展到《世说新语》时期，“左”的语义类别有了一定的变化。这时期“左”的语义类别主要有：

“左”指左边，表方位。这样的情况在《世说新语》中只有2例：

后遇赦得还，充先已娶郭配女，武帝特听置左右夫人。（贤媛第十九）

充乃取女左右婢考问。（惑溺第三十五）

“左”指向左，表示方向。具有这类语义特征的“左”在《世说新语》中仅有1例：

使者追之，忱善射，矢左右发，使者不敢进，遂得免。（方正第五）

“左”表示方向“东”。古代地理以东为左，这类义项在《左传》中还未出现，《世说新语》中表示这类语义特征的“左”共有11例，且“左”均与“江”结合，表示古代的某片地理区域。① 例如：

旧云，王丞相过江左，止道声无哀乐、养生、言尽意，三理而已，然宛转关生，无所不入。（文学第四）

江左殷太常父子，并能言理，亦有辩讷之异。（文学第四）

后度江左，不能复尔，王叹曰：“不知我进，伯仁退？”（品藻第九）

---

① 清魏禧《目录·杂说》云：“江东称江左，江西称江右，何也？曰：‘自江北视之，江东在左，江西在右耳。’”

《世说新语》中“左”的语义分布情况见下表：

参数	语义类别		
	左边	向左	表示方向“东”
数量	2	1	11
比重	14.3%	7.1%	78.6%

相对于《左传》,《世说新语》中“左”的用例明显减少，且大多用于人名、地名等专有名词中。“左”的语义类别也明显减少，“左手”“不顺，不合，不适当”等语义类别在《世说新语》中未见用例，新增加了表示方向“东”的义项。在用例分布上，表示位置和方向的“左”的比重都有所下降，表示方向“东”的用例占绝对优势，体现了这个时期人们对区域划分进一步细化的趋势。

二、“右”的语义演变

（一）《左传》中“右”的语义类别

《左传》中“右”的语义类别主要有：

“右”指右边，表示位置。具有这类语义特征的“右”在《左传》中有14例，例如：

为五陈以相离，两于前，伍于后，专为右角，参为左角，偏为前拒，以诱之。（昭公元年）

体有左右，各有妃耦。（昭公三十二年）

“右”指向右，表示方向。具有这类语义特征的“右”在《左传》中有10例，例如：

乐伯左射马而右射人，角不能进，矢一而已。（宣公十二年）

晋师右移，上军未动。（宣公十二年）

右顾而笑，乃止。（昭公二十四年）

“右”在古代常被用来指代语境中的特定事物，《左传》中的“右”指代的事物有：当政者、右军、车右、右手，共出现了21例。

其中指代“当政者”的仅有1例：

成季之将生也，桓公使卜，楚丘之父卜之，曰：“男也。其名曰友，在公之右。间于两社，为公室辅。”（闵公二年）

指代“右军”且与“中军”“左军”相对的共有8例，例如：

沈尹将中军，子重将左，子反将右。（宣公十二年）
且攻其右，右无良焉，必败。（桓公八年）

指代“车右”，即古代在车右边陪乘的武士，有8例，例如：

三年春，曲沃武公伐翼，次于陉庭。韩万御戎，梁弘为右，逐翼侯于汾隰，骖絓而止。（桓公三年）
赵夙御戎，毕万为右，以灭耿、灭霍、灭魏。（闵公元年）
舟之侨先归，士会摄右。（僖公二十八年）

指代“右手”的有4例，例如：

持带，遂超乘。右抚剑，左援带，命驱之出。（襄公二十三年）

“右”表示西边，即面朝南时的右边的仅有1例：

六月，诸侯会于北林，师于向，右还，次于琐。（襄公十一年）

“右”表辅佐。具有这类语义特征的“右”在《左传》中有2例：

王使刘定公赐齐侯命，曰：“昔伯舅大公，右我先王，股肱周室，师保万民。世胙大师，以表东海……”（襄公十四年）
管、蔡为戮，周公右王。（襄公二十一年）

“右”表帮助。具有这类语义特征的“右”在《左传》中有2例：

王叔陈生与伯舆争政，王右伯舆。（襄公十年）
范宣子曰：“天子所右，寡君亦右之。所左，亦左之。”①（襄公十年）

《左传》中“右”的语义分布情况见下表：

---

① “左”“右”的语义特征既具有对称性，又具有不对称性。此处“左”是不帮助之意，“右”同“佑”，是帮助之意，体现了“左”“右”的对立性对称的特点。王希杰教授曾在其论著中援引此例来说明“左”“右”的一致性对称，我们认为这种做法欠妥。详见王希杰．就左和右说语言和文化关系的复杂性［J］．新疆大学学报（社会科学版），2004（2）：125－130.

参数	语义类别								
	右边	向右	指代性意义				西边	辅佐	帮助
数量	14	10	当政者	右军	车右	右手	1	2	2
			1	8	8	4			
比重	28%	20%	2%	16%	16%	8%	2%	4%	4%

（二）《世说新语》中“右”的语义类别

发展到《世说新语》时期，“右”表示方位的用例大幅度减少，约一半的例句指的是人名，语义类别发生了很大的变化。《世说新语》中“右”的语义类别主要有：

“右”表右边，方位引申义。具有这类语义特征的“右”在《世说新语》中有2例：

成帝在石头，任让在帝前戮侍中钟雅、右卫将军刘超。（政事第三）

杨济既名氏，雄俊不堪，不坐而去。须臾，和长舆来，问：“杨右卫何在?”（方正第五）

“右”表豪强。具有这类语义特征的“右”在《世说新语》中仅有1例：

褚太傅初渡江，尝入东，至金昌亭，吴中豪右燕集亭中。（轻诋第二十六）

“右”表上。具有这类语义特征的“右”在《世说新语》中仅有1例：

庾又问：“何者居其右?”王曰：“自有人。”（品藻第九）

《世说新语》中“右”的语义分布情况见下表：

参数	语义类别		
	右边	豪强	上
数量	2	1	1
比重	50%	25%	25%

可见，相对于《左传》，《世说新语》中“右”表方位义的用例明显减少，语义类别也明显减少，部分《左传》中存在的语义类别在《世说新语》

中未出现，新增加了“豪强”“上”这两个意义上有关联的义项。在用例分布上，由于“豪强”“上”都是“右”的新义项，使用频率还不高，均只有1例。“右边”的义项由《左传》到《世说新语》逐渐虚化，意义由表实指性转向偏重于表引申义。

三、“左右”合用的语义演变

（一）《左传》中“左右”合用的语义类别

在《左传》中，有一部分例句将“左”“右”连起来使用共同表达一定的语义特征。在《左传》中，“左右”[①] 的语义类别主要有以下三类：

“左右”表近侍，近臣。具有这类语义特征的“左右”在《左传》中共有11例，例如：

夜，郑伯使祭足劳王，且问左右。（桓公五年）
左右或沮之，曰：“君不出，必执吾使。”（宣公十七年）
吾君贿，左右谄谀，作大事不以信，未尝可也。（昭公六年）

“左右”表附近，周围。具有这类语义特征的“左右”在《左传》中有3例：

便蕃左右，亦是帅从。（襄公十一年）
《诗》曰：“文王陟降，在帝左右。”（襄公三十年）
王使成简公如卫吊，且追命襄公曰：“叔父陟恪，在我先王之左右，以佐事上帝……”（昭公七年）

“左右”表支配，影响。具有这类语义特征的“左右”在《左传》中仅有1例：

凡师，能左右之曰“以”。（僖公二十六年）

值得注意的是，在《左传》中有一些词虽然符合“左右”的形式，但描述它的语义特征时，需要将“左”“右”分开讨论，分别表述各自的语义特征，例如：

晋人逐之，左右角之。（宣公十二年）

---

① 储泽祥先生对复标式的语义进行了分类，将“左右”归入了加合类的语义类型中，即“几个典型标结合在一起，组合体的意义基本上就是几个典型标意义的相加”，且“左右”的位置是固定的，受到组合习惯的限制，它的语序是按照“前阳后阴”的规则组合的，“左”为阳，“右”为阴。

从左右，皆肘之，使立于后。(成公二年)

“皆乘矣，左右执兵而下矣!”曰:“听誓也。”(成公十六年)

其中，例1中“左”“右”分别表示左面和右面，例2中“左”“右”分别表示左边或右边，例3中“左”“右”分别表示将帅和车右。

《左传》中“左右”合用的语义分布情况见下表:

参数	语义类别		
	近侍，近臣	附近，周围	支配，影响
数量	11	3	1
比重	73.3%	20%	6.7%

(二)《世说新语》中“左右”合用的语义类别

发展到《世说新语》时期，“左右”合用的比重大幅度增加，出现了新的义项。在《世说新语》中，“左右”的语义类别主要有以下三类:

“左右”表近侍，近臣。具有这类语义特征的“左右”在《世说新语》中有46例，例如:

魏明帝为外祖母筑馆于甄氏，既成，自行视。谓左右曰:“馆当以何为名?”(言语第二)

苏峻东征沈充，请吏部郎陆迈与俱。将至吴，密敕左右，令入阊门放火以示威。(规箴第十)

渊使少年掠劫，渊在岸上，据胡床指麾左右，皆得其宜。(自新第十五)

“左右”表帮助。具有这类语义特征的“左右”在《世说新语》中仅有1例:

后遭乱渡江，每经危急，常有一人左右己，问其所以，乃受炙人也。(德行第一)

“左右”表称呼对方的敬语。具有这类语义特征的“左右”在《世说新语》中仅有1例:

宾客左右，皆跌荡不得住。(雅量第六)

《世说新语》中“左右”合用的语义分布情况见下表:

参数	语义类别		
	近侍，近臣	帮助	称呼对方的敬语
数量	46	1	1
比重	95.8%	2.1%	2.1%

可见，相对于《左传》，《世说新语》中“左右”合用的例句更为常见（相较于“左”“右”单独表达语义），表示的语义均为方位义的延伸义。在语义类别上，义项“近侍，近臣”在《左传》和《世说新语》中都存在，且使用最普遍。《世说新语》中未出现表示“附近，周围”的义项，新增加了“帮助”“称呼对方的敬语”两个义项，其中“帮助”义是上古“支配、影响”义的延伸义。

第二节　“左”“右”的句法功能演变

一、“左”的句法功能分布

（一）《左传》中“左”的句法功能分布

《左传》中“左”主要在句中独立充当句法成分。单音节方位词“左”的前置用例也比较普遍，而“左”的后置与其他成分构成方位短语的例句只有 2 例，具体分布情况见下表：

参数	方位词分布		
	单用	后置	前置
数量	41	2	18
比重	67.2%	3.3%	29.5%

（1）“左”单独在句中充当句法成分，主要有以下几类：

《左传》中“左”在句中单独作主语的共有 8 例，一般是与“右”对举使用，例如：

持带，遂超乘。右抚剑，左援带，命驱之出。（襄公二十三年）

指空间方位，且作主题主语①的仅有1例：

使乘车者左实右伪，以旆先，舆曳柴而从之。（襄公十八年）

“左”单独作宾语的例句共有6例，且大都为动词宾语，多用于指代“车左、左军、左广”等专有名词，例如：

季梁曰：“楚人上左，君必左，无与王遇。”（桓公八年）
向戌讨左，亦如之。使乐遄庀刑器，亦如之。（襄公九年）
子西将左，子上将右。（僖公二十八年）

作谓词性宾语的仅有1例：

南遗谓季孙曰：“叔孙未乘路，葬焉用之？且冢卿无路，介卿以葬，不亦左乎？”（昭公四年）

单独作状语的有3例：

赵孟曰：“吾左还，入于宋，若我何？”（襄公二十七年）
乐伯左射马而右射人，角不能进，矢一而已。（宣公十二年）
叔孙使梁其踁待于门内，曰：“余左顾而欬，乃杀之。”（昭公二十四年）

“左”单独作谓语的共有5例。“左”“右”作谓语时有一般动词用法和使动用法两种，但在《左传》中，“左”单独作谓语表空间意义时只有一般动词用法。一般动词用法有两种意义，一是“在左”，二是“向左移动”，这两种用法都不带趋向目的宾语。表示“在左”的仅有1例：

季梁曰：“楚人上左，君必左，无与王遇。”（桓公八年）

表示“向左移动”的有3例：

东郭书让登，犁弥从之，曰：“子让而左，我让而右，使登者绝而后下。”（定公九年）
书左，弥先下。书与王猛息。（定公九年）
怀公朝国人而问焉，曰：“欲与楚者右，欲与吴者左。”（哀公元年）

此外，在《左传》中，“左”单独作谓语还可表示“不帮助，不赞助”

① 杨伯峻、何乐士（2001）将主语分为四类，施事主语、受事主语、存在主语、主题主语，主题主语既非谓语的施事或受事，也不是谓语表示存在的对象，而是描绘、陈述、评论的对象。

之意，例如：

范宣子曰：“天子所右，寡君亦右之。所左，亦左之。”（襄公十年）

“左”单独作定语，共有18例[①]，例如：

王子朝入于王城，次于左巷。（昭公二十三年）
左师军于菟和，右师军于仓野，使谓阴地之命大夫士蔑曰：“晋、楚有盟，好恶同之……”（哀公四年）

《左传》中“左”在句中作中心语的情况，我们将在后面的部分作详细讨论。

综上可见，在《左传》中，“左”单独作句法成分时多用于作主语、谓语、宾语、状语以及定语，没有出现“左”单独作补语的用例。

（2）前置性成分“ ×” +“左”构成方位短语的在《左传》中仅有2例，均属于“具体事物名词 + 左”：

庚舆将出，闻乌存执殳而立于道左，惧将止死。（昭公二十三年）
及飨日，帷诸门左。（昭公二十七年）

以上例句中，“具体事物名词 + 左”共同在句中作宾语，例1中“道左”原为道路的左边，在这里可以延伸为道路旁边，例2中“门左”可解释为门口。

（3）“左 ×”形式在《左传》中有18例，×均为名词，分布如下：“左师”5例、“左拒”3例、“左骖”3例、“左角”1例、“左肩”1例、“左旃”1例、“左盂”1例、“左轮”1例、“左巷”1例、“左广”1例。

“左 ×”的句法功能主要表现在：

作主语，全书共6例，例如：

张侯曰：“自始合，而矢贯余手及肘，余折以御，左轮朱殷，岂敢言病。吾子忍之！”（成公二年）
州绰门于东闾，左骖迫，还于门中，以枚数阖。（襄公十八年）

作宾语，全书共12例，大大多于作主语的情况，例如：

宋公为右盂，郑伯为左盂。（文公十年）
子尾抽桷，击扉三，卢蒲癸自后刺子之，王何以戈击之，解其左肩。（襄公二十八年）

---

① 由于方位词作定语的情况比较常见，发展演变有一定的规律，我们将在后面作详细讨论。

综上所述，在《左传》中，“左”单独在句中充当句法成分所占比重最大，其中“左×”形式最为常见，且“左×”在句中作主语或宾语，其中作宾语的用例多于作主语的用例。

（二）《世说新语》中“左”的句法功能分布

（1）发展到《世说新语》时期，“左”主要以复合方位词“左右”的形式出现，单独作句法成分的仅有4例，主要作定语和状语。

“左”单独作定语的有2例，例如：

充乃取女左右婢考问。（惑溺第三十五）

“左”单独作状语的有2例，例如：

使者追之，忱善射，矢左右发，使者不敢进，遂得免。（方正第五）

（2）“×左”的句法功能。《世说新语》中方位词短语“×左”共出现了11例，例如：

王丞相初在江左，欲结援吴人，请婚陆太尉。（方正第二十四）

“×左”作主语有4例，例如：

江左地促，不如中国。若使阡陌条畅，则一览而尽，故纡余委曲，若不可测。（言语第二）

“×左”作宾语，共有5例，例如：

王中郎甚爱张天锡，问之曰：“卿观过江诸人，经纬江左轨辙，有何伟异?”（言语第二）

诸葛道明初过江左，自名道明，名亚王、庾之下。（识鉴第七）

“×左”作定语，共有2例：

于时朝野以拟管、葛，起不起，以卜江左兴亡。（赏誉第八）

刘丹阳、王长史在瓦官寺集，桓护军亦在坐，共商略西朝及江左人物。（品藻第九）

总体而言，《世说新语》中“左”的句法功能分布情况见下表：

形式	句法功能			
	主语	宾语	定语	状语
左	0	0	2	2
×左	4	5	2	0

可见，相对于《左传》，《世说新语》中“左”独用的比重骤减，构成方位词短语且承担句法功能的比重增加。结构形式上，未出现“左”的前置用法，体现了这一时期复音节方位词用法的拓展。方位词短语“×左”的句法功能仍然以作主语和宾语为主。由于《世说新语》中“左”独用的例句太少，其句法功能的演变规律不是很明显。

二、“右”的句法功能演变

（一）《左传》中“右”的句法功能分布

（1）“右”单独在句中充当句法成分，主要有以下几类：

《左传》中“右”可以单独作主语，共有 8 例，例如：

摄叔曰：“吾闻致师者，右入垒，折馘、执俘而还。”（宣公十二年）

且攻其右，右无良焉，必败。（桓公八年）

其中实指空间方位的有 1 例，是主题主语。其余几例均是语境中的省略借代用法，指代“右手、右军、车右”等，多与“左”对举使用。

“右”作宾语的共有 30 例，例如：

囚呼，莱驹失戈，狼瞫取戈以斩囚，禽之以从公乘，遂以为右。（文公二年）

吴为三军以击于后，中军从王，光帅右，掩余帅左。（昭公二十三年）

在《左传》“右”单独作宾语的用例中，“右”均处于动词后面。

“右”单独作状语，有 6 例，例如：

晋师右移，上军未动。（宣公十二年）

蔿子冯、公子格率锐师侵费滑、胥靡、献于、雍梁，右回梅山，侵郑东北，至于虫牢而反。（襄公十八年）

明日宴，饮酒，乐。宋公使昭子右坐，语相泣也。（昭公二十五年）

“右”单独作谓语，有5例，例如：

王右伯舆，王叔陈生怒而出奔。（襄公十年）
越子为左右句卒，使夜或左或右，鼓噪而进。（哀公十七年）

《左传》中“连词+右”的用例只有1例，为“而+右”形式，“而”在这里表示顺承，相当于“就”，“右”在句中作谓语：

东郭书让登，犁弥从之，曰：“子让而左，我让而右，使登者绝而后下。”（定公九年）

“右”单独作定语，仅有1例：

大子曰：“吾救主于车，退敌于下，我，右之上也。”（哀公二年）

《左传》中“右”的句法功能分布情况见下表：

形式	句法功能				
	主语	宾语	状语	谓语	定语
右	8	30	6	5	1
比重	16%	60%	12%	10%	2%

（2）《左传》中方位词短语“×右”的前置性成分“×”主要有代词、连词和助词，其中以代词居多。在《左传》中，“×右”形式的用例大多为“其+右”，且“其”在这里均作代词，表第三人称领属关系，译为“他（它）的”[①]，例如：

其右提弥明知之，趋登曰：“臣侍君宴，过三爵，非礼也。”（宣公二年）

《左传》中方位词短语“×右”整体在句中充当句法成分，主要可作主语、宾语。

其中作主语的全书共4例：

其右提弥明知之，趋登曰：“臣侍君宴，过三爵，非礼也。”（宣公二年）

---

① 关于“其”在早期汉语中的用法，经考证，春秋战国时期用于领格的代词“其”疑在春秋后由“厥”字转来，它与语词“其”并不同脉，而是根源于“之”，春秋战国后代词“其”在“其”的使用中占主导地位。参见姚炳祺．“其”字的早期用法［J］．学术研究，1983（6）．

鲍癸止之，曰：“其左善射，其右有辞，君子也。”（宣公十二年）

郤至从郑伯，其右茀翰胡曰：“谍辂之，余从之乘而俘以下。”（成公十六年）

其右具丙亦舍兵而缚郭最，皆衿甲面缚，坐于中军之鼓下。（襄公十八年）

作宾语的全书共3例：

且攻其右，右无良焉，必败。（桓公八年）

射其右，毙于车中。綦毋张丧车，从韩厥曰：“请寓乘。”（成公二年）

韩厥俛，定其右。（成公二年）

《左传》中“×右”的句法功能分布情况见下表：

形式	句法功能	
	主语	宾语
×右	4	3
比重	57.1%	42.9%

（3）《左传》中“右×”结构共出现了25例，“×”大多为名词，与“右”结合构成专名，具体分布如下：

“右师”8例、“右广”4例、“右拒”3例、“右军”2例，其余“右宰”“右少师”“右尹子”“右官”“右角”“右司马”也均有出现。

《左传》中“右×”在句中主要作宾语，这样的有15例，例如：

工尹齐将右拒卒，以逐下军。（宣公十二年）

王见右广，将从之乘。屈荡户之，曰：“君以此始，亦必以终。”（宣公十二年）

为五陈以相离，两于前，伍于后，专为右角，参为左角，偏为前拒。（昭公元年）

中军从王，胥门巢将上军，王子姑曹将下军，展如将右军。（哀公十一年）

作主语，这样的有8例，例如：

右广鸡鸣而驾，日中而说。（宣公十二年）

右师城上棘，遂涉颍，次于旃然。(襄公十八年)
五日，右师从之。(哀公十一年)
师入齐军。右师奔，齐人从之，陈瓘、陈庄涉泗。(哀公十一年)

作中心语的有 2 例：

胥臣蒙马以虎皮，先犯陈、蔡。陈、蔡奔，楚右师溃。(僖公二十八年)
随侯逸，斗丹获其戎车，与其戎右少师。(桓公八年)

《左传》中“右×”的句法功能分布情况见下表：

形式	句法功能		
	宾语	主语	中心语
右×	15	8	2
比重	60%	32%	8%

此外，《左传》中已经出现了“右”类派生式合成方位词“之右”，仅有 1 例：

男也，其名曰友，在公之右。(闵公二年)

(二)《世说新语》中“右”的句法功能分布

发展到《世说新语》时期，“右”独用的情况大幅度减少。《世说新语》中“右”单独作句法成分的仅有 2 例，均作定语；方位短语“×右”也只有 2 例：

褚太傅初渡江，尝入东，至金昌亭。吴中豪右，燕集亭中。（轻诋第二十六）
庾又问：“何者居其右?”王曰：“自有人。”(品藻第九)

从《左传》到《世说新语》，“右”单独使用及其组合为方位短语的情况都大幅度减少。其中，“右”单独使用的比重和方位短语“×右”的比重也大幅减少；“右”独用的情况虽大幅度减少，但“左右”合用的比重则大幅度增加；“左”“右”独用与合用的比重在《世说新语》中完成了转换。

三、“左右”合用的句法功能演变

（一）《左传》中“左右”合用的句法功能分布

《左传》中“左右”合用的句法功能类别较少，主要在句中作主语、宾语以及状语，其中以作主语和宾语最为常见。

《左传》中作主语的共有6例，例如：

左右曰：“不可许也，得国无赦。”（宣公十二年）

吾君赂，左右谄谀，作大事不以信，未尝可也。（昭公六年）

“皆乘矣，左右执兵而下矣！”曰：“听誓也。”（成公十六年）

崤之役，晋人既归秦帅，秦大夫及左右皆言于秦伯曰：“是败也，孟明之罪也，必杀之。”（文公元年）

“左右”在《左传》中也常作宾语，共6例，例如：

反自鄢陵，欲尽去群大夫，而立其左右。（成公十七年）

王使成简公如卫吊，且追命襄公曰：“叔父陟恪，在我先王之左右，以佐事上帝。”（昭公七年）

亦以徒七十人，旦门焉，步左右，皆至而立，如植。（定公十年）

“左右”作状语的共有3例：

王曰：“骋而左右，何也？”（成公十六年）

有淖于前，乃皆左右相违于淖。（成公十六年）

左右射，超乘而出。（昭公元年）

《左传》中“左右”合用的句法功能分布情况见下表：

形式	句法功能		
	主语	宾语	状语
左右	6	6	3
比重	40%	40%	20%

（二）《世说新语》中“左右”合用的句法功能分布

到了《世说新语》时期，“左右”合用的例句比较常见，句法功能也随之拓展。《世说新语》中“左右”合用的共有48例，在句中主要作宾语、主语及兼语。

“左右”作宾语的例句最多，有19例，例如：

魏明帝为外祖母筑馆于甄氏。既成，自行视。谓左右曰：“馆当以何为名?”（言语第二）

既闻不悲，因语左右：“殡时可道。”（伤逝第十七）

桓玄既篡位，将改置直馆，问左右：“虎贲中郎省应在何处?”（言语第二）

“左右”常作主语，共有14例，例如：

桓玄诣殷荆州，殷在妾房昼眠，左右辞不之通。（言语第二）

左右进食，冷而复暖者数四。（文学第四）

温峤为丹阳尹，帝令断大桁，故未断，帝大怒，瞋目，左右莫不悚惧。（捷悟第十一）

“左右”作谓语的仅有1例：

后遭乱渡江，每经危急，常有一人左右己，问其所以，乃受炙人也。（德行第一）

“左右”作中心语的有2例：

庾后闻之，曰：“此人宜在帝左右。”（言语第二）

恭府近千人，悉呼入斋，大左右虽少，亦命前，意便欲相杀。（忿狷第三十一）

在《世说新语》中，出现了“左右”用作兼语和同位语的例句，且用作兼语的例句更为常见，共有9例，例如：

行数十里，淮乃命左右追夫人还，于是文武奔驰，如徇身首之急。（方正第五）

既而唤顾共行，顾乃命左右取枕上新衣，易己体上所着。（排调第二十五）

殷浩始作扬州，刘尹行，日小欲晚，便使左右取襆。（政事第三）

“左右”作同位语共有3例：

宾客左右，皆跌荡不得住。（雅量第六）

庾太尉与苏峻战，败，率左右十余人乘小船西奔，乱兵相剥掠，射，误

中舵工，应弦而倒，举船上咸失色分散。(雅量第六)

俄而率左右十许人步来，诸贤欲起避之，公徐云：“诸君少住，老子于此处兴复不浅。”(容止第十四)

《世说新语》中“左右”合用的句法功能分布情况见下表：

形式	句法功能					
	宾语	主语	谓语	中心语	兼语	同位语
左右	19	14	1	2	9	3
比重	39.6%	29.2%	2.1%	4.2%	18.8%	6.3%

由此可见，《世说新语》中“左右”合用的情况占绝对的优势，且句法功能的种类是《左传》中的2倍。相对于《左传》，《世说新语》中新增了“左右”作谓语、中心语、兼语及同位语的情况。就整体分布来说，“左右”作主语和宾语的数量无论是在《左传》还是在《世说新语》中都占绝对优势。

第三节 “东”“西”“南”“北”的语义演变

人类早期就已经获得了空间和时间的概念，正如古代中国人所表达的：“四方上下谓之宇，往古来今谓之宙。”“四方之名，最初见于《尧典》，然虞夏书多后世追述，未可信据也。惟卜辞习见东西南北之称，足证其名在商世已甚通用矣。”[①]“东”“南”“西”“北”四方之名与其古字本义都没有直接的关系，其表示方位概念是后来假借而来的。吕叔湘先生在《中国文法要略》中将“东、南、西、北”归为实指性的方位词；李佐丰先生在讨论先秦方位词时将“东、南、西、北”归为具体方位词，认为“这四个方位词表示地理方向，在方位词中，只有这组方位词包括四个相关的方向”[②]。四方用来表示

① 详见唐兰．释四方之名［J］．考古，1936（4）．

② 详见李佐丰．先秦汉语实词［M］．北京：北京广播学院出版社，2003：203．

方向时，需要一定的参考点。[①] 廖秋忠先生认为，用"东、南、西、北这一组方位词来定位时，除了语境参考点之外，还得有个语境外的参考点，如太阳的起落点"[②]；储泽祥先生也认为"东、南、西、北"是有双层基准的，在"×＋东/南/西/北"中，第一层基准是太阳，具体句子中的×是第二层基准。[③] 以《左传》为例，先秦时期，"东""南""西""北"主要作为单纯方位词出现，其中以独用最为常见。

一、"东"的语义演变

"东，象形，甲骨文、金文、小篆象中间盛有实物并用绳子扎束两端的囊橐之形，隶定为'東'。本义为大口袋，假借为方位东方。"[④]《说文解字》对"东"的解释是："东，动也。从木。官溥说：从日在木中。"唐兰认为"可以谓日在木中"，但不得谓为从日；[⑤] 蒋逸雪也认为"从日在木中"不免望文生义，而"东"为"动"的初文，"动"是后起之字。依文字学来看，"东"表东方，并无专字，仅就他字引申或假借而来。

（一）《左传》中"东"的语义类别

《左传》中"东"共出现149次，其中29次出现在人名、地名中（此处我们不予讨论），我们只讨论剩余的120例。

《左传》中"东"的语义类别主要可以概括为以下三类：

"东"表东方，东边，日出的方向。具有这类体词性语义特征的"东"在《左传》中共有99例，例如：

晋侯使大子申生伐东山皋落氏。（闵公二年）

---

① 齐沪扬先生在他的《现代汉语空间问题研究》一书中提到："我们讨论的'方向'，是指句子中的某个物体面对的方向所显示出来的空间特点。这句话包含两层意思：一是必须要决定某个物体在空间中所占据的那一点，'方向'是以'那一点'作出判断的，'那一点'就是我们通常所说的'参考点'。'参考点'在句子中不一定有词语指称，可以是显性的，也可以是隐性的……"他根据"方向"和"参考点"之间的搭配关系将汉语中的方位词分成三类，"东、南、西、北"为一类，同时指出，"这一组方位词还包括'东/南/西/北＋边/面/头/方'等双音节方位词。'东、南、西、北'无须参考点的帮助即可指示方向，因为这些方位词的参考点是生活在地球上的人类所共同拥有，共同认可的"。

② 详见廖秋忠．空间方位词和方位参考点［J］．中国语文，1989（1）．

③ "×·D中，×是D的基点，或称基准，是D所依据的事物。并不是所有的D都只有一个基准×。有的只有一个基准，有的有两个基准。"详见储泽祥《现代汉语方所系统研究》。

④ 详见魏励．常用汉字源流字典［M］．上海：上海辞书出版社，2010．

⑤ 详见唐兰．释四方之名［J］．考古，1936（4）．

随以汉东诸侯叛楚。（僖公二十年）

郑公子偃帅师御之，使东鄙覆诸鄤，败诸丘舆。（成公三年）

孟献子曰：“以敝邑介在东表，密迩仇雠，寡君将君是望，敢不稽首?”（襄公三年）

“东”表向东，往东。具有这类饰词性语义特征的“东”在《左传》中共有14例，例如：

周桓公言于王曰：“我周之东迁，晋、郑焉依。”（隐公六年）

三年春，诸侯伐郑，次于伯牛，讨邲之役也。遂东侵郑。（成公三年）

“东”表东行。具有这类谓词性语义特征的“东”在《左传》中共有7例，例如：

秦师遂东。（僖公三十二年）

公曰：“在我而已。”遂东太子光。（襄公十九年）

为之歌《王》，曰：“美哉！思而不惧，其周之东乎?”（襄公二十九年）

根据对语料的分析，《左传》中这120例“东”均用于表示空间语义，其中有7例“东夷”用来转指东方的少数民族；有2例“东宫”在《左传》所处时期指太子所居之宫，亦用来转指太子。

《左传》中“东”的语义分布情况见下表：

参数	语义类别		
	东方，东边，日出的方向	向东，往东	东行
数量	99	14	7
比重	82.5%	11.7%	5.8%

（二）《世说新语》中“东”的语义类别

发展到《世说新语》时期，“东”的语义类别没有发生明显的变化。《世说新语》中“东”的语义类别也大致分为三类：

“东”表示东方，东边，日出的方向。具有这类体词性语义特征的“东”在《世说新语》中共有31例，例如：

郗受假还东，帝曰：“致意尊公，家国之事，遂至于此……”（言语第二）

有署阁柱曰：“阁东，有大牛，和峤鞅，裴楷鞦，王济剔嬲不得休。”（政

事第三)

桓大司马病。谢公往省病，从东门入。(赏誉第八)

“东”表示向东，往东。具有这类饰词性语义特征的“东”在《世说新语》中共有10例，例如：

于时太史奏：“真人东行。”(德行第一)

殷曰：“铜山西崩，灵钟东应，便是易耶?”远公笑而不答。(文学第四)

公东出，乘估客船，送故吏数人，投钱唐亭住。(雅量第六)

“东”表示东行。具有这类谓词性语义特征“东”在《世说新语》中仅有1例：

及玄业成辞归，既而融有“礼乐皆东”之叹，恐玄擅名而心忌焉。(文学第四)

《世说新语》中“东”的语义分布情况见下表：

参数	语义类别		
	东方，东边，日出的方向	向东，往东	东行
数量	31	10	1
比重	73.8%	23.8%	2.4%

可见，《左传》和《世说新语》中“东”的语义类别都可分为三类：具有体词性语义特征的“东方，东边，日出的方向”、具有饰词性语义特征的“向东，往东”和具有谓词性语义特征的“东行”。“东”的语义类别并没有发生根本性的变化，但相对于《左传》，《世说新语》中“东”表谓词性语义特征的用例明显减少。

二、“西”的语义演变

《说文解字》：“西，鸟在巢上，象形。日在西方而鸟栖，故因以为东西之西。”[①] 孙诒让释卜辞以“西”字为“甾”，王国维释“甾”为“西”，并以为鸟巢之形，唐兰认同王国维据卜辞将其用为西方之义，但不认可将其释为

① 参见许慎. 说文解字［M］. 北京：中国书店，1989.

“西”，并赞同孙诒让将其释为“甾”的观点。[①] 加藤常贤认为“西”原为“甾”，且认为“西”为竹笼形象，假借为西方之西。[②] 虽然关于“西”的字形、字义人们的认识莫衷一是，但“西”作为方位词来源于假借已成为学界的共识。

(一)《左传》中“西”的语义类别

《左传》中“西”字共出现139例，其中56例出现在人名、地名及专名中，下面只分析余下的83例。

《左传》中“西”的语义类别主要可以概括为以下三类：

“西”表示西边，与“东”相对。具有这类体词性语义特征的“西”在《左传》中有72例，例如：

既而大叔命西鄙、北鄙贰于己。(隐公元年)

三十有一年春，取济西田。(僖公三十一年)

然丹迁城父人于陈，以夷濮西田益之。(昭公九年)

齐人侵我西鄙。公追齐师至酅，弗及。(僖公二十六年)

“西”表示向西。具有这类饰词性语义特征的“西”在《左传》中有9例，例如：

赐我先君履，东至于海，西至于河，南至于穆陵，北至于无棣。(僖公四年)

及君之嗣也，我君景公引领西望，曰：“庶抚我乎！”(成公十三年)

十有四年春，西狩获麟。(哀公十四年)

“西”表示西行。具有这类谓词性语义特征的“西”在《左传》中有2例，例如：

寡人之从君而西也，亦晋之妖梦是践，岂敢以至？(僖公十五年)

根据对语料的分析，我们可以看到《左传》中的83例“西”均用于表示空间语义。其中有3例“西宫”。“西宫”在古代有三个义项，分别是诸侯的别宫、国君妃嫔居住的地方、古天文学四个星区之一。在《左传》中3例“西宫”均表示诸侯的别宫。而“西偏”有2例，在《左传》中用来泛指西部。

《左传》中“西”的语义分布情况见下表：

---

① 详见唐兰．释四方之名［J］．考古，1936（4）：1－6.

② 详见周晓陆．释东、南、西、北与中——兼说子、午［J］．南京大学学报（社会科学版），1996（3）：70－71.

参数	语义类别		
	西边，与“东”相对	向西	西行
数量	72	9	2
比重	86.7%	10.8%	2.4%

（二）《世说新语》中“西”的语义类别

发展到《世说新语》时期，“西”的语义类别并没有发生明显变化。《世说新语》中“西”的语义类别分为三类：

“西”表示西边。具有这类语义特征的“西”在《世说新语》中共有21例，例如：

大禹生于东夷，文王生于西羌。（言语第二）

庾子躬有废疾，甚知名，家在城西，号曰：“城西公府。”（赏誉第八）

王文度在西州，与林法师讲，韩、孙诸人并在坐。（排调第二十五）

“西”表示向西等饰词性语义。具有这类语义特征的“西”在《世说新语》中有8例，例如：

桓玄西下，入石头。外白：“司马梁王奔叛。”（豪爽第十三）

谓词性语义“西行”在《世说新语》中共有3例，例如：

谢万作豫州都督，新拜，当西之都邑，相送累日，谢疲顿。（言语第二）

《世说新语》中“西”的语义分布情况见下表：

参数	语义类别		
	西边	向西	西行
数量	21	8	3
比重	65.6%	25%	9.4%

由此可见，《左传》和《世说新语》时期“西”的语义类别均有三类，分别是体词性语义“西边”、饰词性语义“向西”以及谓词性语义“西行”。两部作品中“西”的体词性语义均占优势。

三、“南”的语义演变

《说文解字》：“南，草木至南方有枝任也。”[①]《说文通训定声》：“草木至夏壬火也，夏主南方火，故以为南方之南。”[②]《汉书律历志》：“太阳者，南方。南，任也。阳气任养物，于时为夏。云草木至南方者，犹云草木至夏也。”[③] 唐兰《释四方之名》：“然则南方之字，本假瀫为之，无本字也。”他认为“南”本义为瓦制乐器，“字假为方向之称，其音变而为”[④]。郭沫若也认为“南”最初为乐器，殷时以南为东南之南。康殷认为“南”为龟腹甲形，在“甲”的一端加饰笔，有以锐物刺龟甲之意，原指甲卜，“后借其声为南北方向字”。虽然各家对“南”本义的认识有分歧，但“南”表示方位义是假借而来已成为学界共识。

（一）《左传》中“南”的语义类别

《左传》中“南”共出现了161例，其中85例出现在人名、地名及书名、篇名中。以下仅对“南”表方位义的76例进行分析。《汉语大字典》中收录了两个“南”。“南”读“nā”时是梵文 Namas 的音译，本文不予讨论。“南”读“nán”时有六个义项：①方位名。与“北”相对。②向南走，向南移动。③古代南方少数民族音乐名。④对《诗经》中《周南》《召南》的简称。⑤通“男”。古代五等爵位之一。⑥姓。《左传》中出现了①②③⑥四个义项。

《左传》中方位义“南”的语义类别主要可以概括为以下三类：

“南”表方位名称，南方，与“北”相对。具有这类语义特征的体词性语义“南”在《左传》中有55例，例如：

郑人以王师、虢师伐卫南鄙。（隐公元年）

其卦遇复。曰：“南国蹙，射其元王中厥目。”（成公十六年）

“南”表示向南，往南。具有这类语义特征的饰词性语义“南”在《左传》中有16例，例如：

管仲曰：“昭王南征而不复，寡人是问！”（僖公四年）

---

① 许慎. 说文解字［M］. 北京：中国书店，1989.

② 朱骏声. 说文通训定声［M］. 北京：中华书局，1984.

③ 班固. 汉书律历志［M］. 北京：中华书局，2012：1912－1949.

④ 唐兰. 释四方之名［J］. 考古，1936（4）：1－6.

齐侯亲鼓，士陵城。三日，取龙。遂南侵及巢丘。（成公二年）

“南”表示南行等谓词性语义在《左传》中共有5例，例如：

蔡侯归，及汉，执玉而沈，曰：“余所有济汉而南者，有若大川。”（定公三年）

《左传》中“南”的语义分布情况见下表：

参数	语义类别		
	方位名词，南边，与“北”相对	向南，往南	南行
数量	55	16	5
比重	72.4%	21.1%	6.6%

（二）《世新说语》中“南”的语义类别

到了《世说新语》时期，“南”的语义分布情况有了一定的改变。《世说新语》中“南”的语义类别只分为两大类：

一类表示南方。具有这类语义特征的体词性语义“南”在《世说新语》中有25例，例如：

谢公时，兵厮逋亡，多近窜南塘，下诸舫中。（政事第三）

庾太尉在武昌，秋夜气佳景清，使吏殷浩、王胡之之徒登南楼理咏。音调始遒，闻函道中有展声甚厉，定是庾公。（容止第十四）

尝失官居东阳，桓大司马在南州，故往投之。（假谲第二十七）

另一类表示向南，往南。具有这类语义特征的饰词性语义“南”在《世说新语》中仅有2例：

褚太傅南下，孙长乐于船中视之。（轻诋第二十六）

苏峻之乱，庾太尉南奔见陶公。（俭啬第二十九）

《世说新语》中“南”的语义分布情况见下表：

参数	语义类别	
	南方	向南，往南
数量	25	2
比重	92.6%	7.4%

与《左传》相比，《世说新语》中的语义类别发生了明显的变化。这一时期谓词性语义用例的比重大幅度降低，在《世说新语》中并没有出现表谓词性语义的“南”。在用例比重上，饰词性语义“向南”的比重大幅度下降，“南”在《世说新语》中以体词性语义为主。

四、“北”的语义演变

《说文解字》：“北，乖也。从二人相背。”关于《说文解字》中“北”的解释，唐兰认为：“独北字，许君之说，未尝牵合北方之义，余以为实一义之引申……由背面之义更引申之，乃有二义：一为人体之背，其后更从肉而为背字；又一则为北方。盖古代建屋，皆南向，则南方为前，北方为后……屋之背为北堂也。”① 关于“北”的字源，争议较少。

（一）《左传》中“北”的语义类别

《左传》中“北”共出现了144例，其中43例出现在人名、地名及星象名中，以下仅就剩余的101例进行分析。《古代汉语词典》也收录了两个“北”。“北”读去声时为“背”的古字，表相背，背离之意。②《左传》中没有出现这个义项。“北”读上声时有三个义项：①方位名，与“南”相对的方向。②向北，往北。③败走，败逃。《左传》中这三个义项都出现了。

《左传》中方位义“北”的语义类别主要可以概括为以下三类：

“北”表方位名，与“南”相对。具有这类体词性语义特征的“北”在《左传》中共有88例，例如：

北戎侵郑，郑伯御之。（隐公九年）
于是申、息之北门不启。（文公十六年）
十一月，齐侯如晋，请伐北燕也。（昭公六年）

“北”表示向北，往北。具有这类饰词性语义特征的“北”在《左传》中共有9例，例如：

又与之遇，七遇皆北，唯裨、儵、鱼人实逐之。（文公十六年）
日我先君共王，引领北望，日月以冀。（昭公七年）
得梦启北首而寝于卢门之外，己为鸟而集于其上，味加于南门，尾加于

① 唐兰．释四方之名［J］．考古，1936（4）：1－6.
② 《古代汉语词典》编写组．古代汉语词典［M］．北京：商务印书馆，1998.

桐门。(哀公二十六年)

“北”表示败走，败逃。陆德明《经典释文》：“军走曰北。”《释四方》：“败兵逃走，以背向人，胜者乘势追击也。故北又训败。”① 具有这类谓词性语义特征的“北”在《左传》中共有4例，例如：

斗廉衡陈其师于巴师之中，以战而北。(桓公九年)
华氏北，复即之。(昭公二十一年)
仲尼命申句须、乐颀下，伐之，费人北。(定公十二年)

《左传》中“北”的语义分布情况见下表：

参数	语义类别		
	方位名，与“南”相对	向北，往北	败走，败逃
数量	88	9	4
比重	87.1%	8.9%	4.0%

(二)《世说新语》中“北”的语义类别

发展到《世说新语》时期，“北”的语义类别有了一定的变化，《世说新语》中“北”的语义类别大致分为三类：

“北”表方位名，与“南”相对。具有这类体词性语义特征的“北”在《世说新语》中共有20例，例如：

历年后，讯其所由，妾具说是北人遭乱，忆父母姓名，乃攸之甥也。(德行第一)

褚季野语孙安国云：“北人学问，渊综广博。”(文学第四)

桓公入洛，过淮、泗，践北境，与诸僚属登平乘楼，眺瞩中原，慨然曰：“遂使神州陆沉，百年丘墟，王夷甫诸人，不得不任其责!”(轻诋第二十六)

“北”表示向北或从北（来）、自北（来）等，均为饰词性的语义。具有这类语义特征的“北”在《世说新语》中共有8例，例如：

桓公北征，经金城，见前为琅邪时种柳，皆已十围。慨然曰：“木犹如此，人何以堪!”(言语第二)

---

① 蒋逸雪．释四方［J］．杨州大学学报（人文社会科学版），1981（4）：78－80.

有北来道人好才理，与林公相遇于瓦官寺，讲《小品》。（文学第四）

玄北征后，巷议疑其不振。（识鉴第七）

“北”表示尊卑意义，指向人称臣，一般以“北面”的形式出现。具有这类谓词性语义特征的“北”在《世说新语》中有2例：

刘尹先推谢镇西，谢后雅重刘，曰：“昔尝北面。”[①]（赏誉第八）

支道林问孙兴公：“君何如许掾？”孙曰：“高情远致，弟子蚤已服膺；一吟一咏，许将北面。”[②]（品藻第九）

《世说新语》中“北”的语义分布情况见下表：

参数	语义类别		
	方位名，与“南”相对	向北或从北（来）、自北（来）	表尊卑意义，指向人称臣
数量	20	8	2
比重	66.7%	26.7%	6.7%

因此，到了《世说新语》时期，“北”的语义类别发生了新的变化。饰词性语义由原来的单向性的“向北”发展出了双向性的“向北”和“从北、自北”等语义类型，比较典型的“从北”的句式为“北来”。《世说新语》中“北来”共出现了3次，为“北”新生的用法。方位延伸义“败走，败逃”义在《世说新语》中并未出现，而出现了表示尊卑意义的语义类型，一般在“北面”句式中较常见。在用例的比重上，《左传》中体词性语义占绝对优势。

第四节　“东”“西”“南”“北”的句法功能演变

杨伯峻、何乐士认为“东、南、西、北”这一类的词在古代基本上是名

① “北面：古时君见臣、尊见卑皆面朝南，故北面指向人称臣。”参见刘义庆．世说新语译注［M］．北京：北京燕山出版社，1996.

② “旧时尊者南面而坐，卑者北面坐。故以北面指许不如己。”参见刘义庆．世说新语译注［M］．北京：北京燕山出版社，1996.

词，它们又常和其他名词结合，放在其他名词后，表示方位。[①] “根据构词和词义的双重标准，可将空间方位词分为简单空间方位词和复合空间方位词。简单空间方位词，不管是单音节的还是它们的双音节同义词，都是基本方位词，而复合空间方位词是由两个或更多的简单空间方位词组合成的。”[②] 根据这一标准，我们可以将“东”“西”“南”“北”及其相关方位词分为简单空间方位词和复合空间方位词。朱德熙先生在《语法讲义》中认为单纯方位词加上“边（儿）”“面（儿）”“头（儿）”等后缀形成合成方位词。张世禄先生在《先秦汉语方位词的语法功能》中将方位词分为单纯方位词和合成方位词。综上所述，我们把“东”“西”“南”“北”及其相关方位词分为单纯方位词和合成方位词两大类进行考察。

一、“东”的句法功能演变

（一）“东”的句法功能分布

（1）《左传》中“东”的句法功能分布。

《左传》中“东”多用于在句中单独作句法成分，可单独作主语、宾语、谓语、状语、定语及中心语。

“东”单独作主语，《左传》中共有 4 例，例如：

赂秦伯以河外列城五，东尽虢略，南及华山，内及解梁城，既而不与。（僖公十五年）

分曹地，自洮以南，东傅于济，尽曹地也。（僖公三十一年）

“东”单独作宾语，《左传》中共有 4 例：

秦伯师于河西，魏人在东。（文公十三年）

晋国之命，未是有也。余马首欲东。（襄公十四年）

阳虎愿东，乃囚诸西鄙。（定公九年）

许之，使待命于东。（僖公三十年）

其中，前三例的“东”作动词宾语，例 1 的“在”为存现动词，例 2 与

---

① 在这里说方位词基本上是名词，因为它除了主要用作方位词，还可用于兼类词，可以兼作动词和副词。详见杨伯峻，何乐士．古汉语语法及其发展［M］．北京：语文出版社，1992．

② 复合空间方位词是为了更精准地定方位，是对简单空间方位词所表示的基本方位进一步划分的结果。“东、西、南、北”按一定的顺序组合成复合空间方位词，分为二合和三合两种类型。详见廖秋忠所著《空间方位词和方位参考点》一文。

例3的“欲”和“愿”为心理动词。最后一例的“东”作介词“于”的宾语，介宾短语“于东”作补语。

“东”也可单独作谓语，①《左传》中共有10例。包括一般动词用法和使动用法两种情况，例如：

思而不惧，其周之东乎？（襄公二十九年）

美哉，荡乎！乐而不淫，其周公之东乎？（襄公二十九年）

以上2例均为“主之谓”结构，而在以下2例中“东”作谓语，且不带宾语。

既东封郑，又欲肆其西封，若不阙秦，将焉取之？（僖公三十年）

三年春，诸侯伐郑，次于伯牛，讨邲之役也，遂东侵郑。（成公三年）

以下5例为带宾语的用例，且为方位词的使动用法。

宾媚人致赂，晋人不可，曰：“必以萧同叔子为质，而使齐之封内尽东其亩。”（成公二年）

今吾子疆理诸侯，而曰“尽东其亩”而已，唯吾子戎车是利，无顾土宜，其无乃非先王之命也乎？（成公二年）

遂东太子光。使高厚傅牙，以为太子，夙沙卫为少傅。（襄公十九年）

齐侯执阳虎，将东之。（定公九年）

以公命取车于道，及郕，众知而东之。出雍门，陈豹与之车，弗受，曰：“逆为余请，豹与余车，余有私焉。事子我而有私于其仇，何以见鲁、卫之士？”（哀公十四年）

“东”用作使动时有两个义项，一是“使朝东方向去”，如后三例；二是“使朝向东方向”，如前两例。“东”方位名词活用作动词带宾语“其亩”表使动。“东其亩”也就是“使其亩东”，意为使齐国境内田亩的道路一律按活用作动词的方位词“东”所表示的走向。

“东”单独作状语，主要用于动词前，表示动作行为的趋向，共有8例，②例如：

十二月会于淮，谋鄫，且东略也。（僖公十六年）

---

① 古汉语中，方位名词可以活用为动词作谓语，意思一般是沿着该方位名词所表示的方向移动。参见张文国，张能甫．古汉语语法学［M］．成都：巴蜀书社，2003.

② 张文国、张能甫的《古汉语语法学》中总结了方位名词作状语时的两种用法，一种是表示动作行为的趋向，另一种是表示动作行为的处所，“东、西、南、北”只属于前一种用法。

君子是以知秦之不复东征也。(文公六年)
昔平王东迁，吾七姓从王，牲用备具。(襄公十年)

“东”单独作定语，在《左传》中比较常见，且被“东”修饰的名词都是具体名词，一般用于短语中，有74例，例如：

四月，郑人侵卫牧，以报东门之役。(隐公五年)
寿余曰：“请东人之能与夫二三有司言者，吾与之先。”(文公十三年)
莒人间诸侯之有事也，故伐我东鄙。(襄公十年)

“东”单独作中心语，常以“×东”的形式出现，[①]“×”大多为专有名词，共有10例，例如：

斗伯比言于楚子曰：“吾不得志于汉东也，我则使然。”(桓公六年)
于是秦始征晋河东，置官司焉。(僖公十五年)
请使吴王居甬东。(哀公二十二年)

《左传》中“东”的句法功能分布情况见下表：

形式	句法功能					
	主语	宾语	谓语	状语	定语	中心语
东	4	4	10	8	74	10
比重	3.6%	3.6%	9.1%	7.3%	67.3%	9.1%

《左传》中还出现了“之东”和“以东”[②]，共有3例：

六年春，郑伯如晋拜成，子游相，授玉于东楹之东。(成公六年)

① 此处我们把方位短语“×东”形式的例句也归入“东”单独作中心语的部分，由于方位短语“×东”在历时演变的过程中发生了很大变化，我们在后文中将对“×东”进行详细讨论，方位短语“×西”“×南”“×北”也同理。

② 学界在“之/以”+单纯方位词是否为合成方位词的问题上是有争议的。持肯定意见的如：丁声树先生在《现代汉语语法讲话》中将方位词+“边、面、头”和“之/以”+方位词归为合成方位词；吕叔湘先生在《现代汉语八百词》中将“之/以”+方位词归为方位词；张谊生先生在《现代汉语虚词》中将“之/以”+单纯方位词归为附加式方位词。持否定意见的如：朱德熙在《语法讲义》中并未将“之/以”+单纯方位词归入合成方位词；张世禄先生认为“以上”“以下”是两个词。我们认为，至少在《左传》时期，“之东”“以东”等还未成词，因此，我们将这种形式归入方位词单独使用的情况中讨论。

聊、摄以东，姑、尤以西，其为人也多矣。（昭公二十年）

王与之武公之略，自虎牢以东。（庄公二十一年）

（2）《世说新语》中“东”的句法功能分布。

发展到《世说新语》时期，《世说新语》中“东”单独作宾语，共有10例：

郗受假还东，帝曰：“致意尊公，家国之事，遂至于此。由是身不能以道匡卫，思患预防。愧叹之深，言何能喻？”（言语第二）

支道林初从东出，住东安寺中。（文学第四）

支道林还东，时贤并送于征虏亭。（雅量第六）

谢安南免吏部尚书，还东；谢太傅赴桓公司马，出西，相遇破冈。（雅量第六）

戴公从东出，谢太傅往看之。（雅量第六）

王东亭与谢公交恶。王在东闻谢丧，便出都，诣子敬，道欲哭谢公。（伤逝第十七）

顾长康作殷荆州佐，请假还东。（排调第二十五）

褚太傅初渡江，尝入东，至金昌亭。吴中豪右，燕集亭中。（轻诋第二十六）

高柔在东，甚为谢仁祖所重。（轻诋第二十六）

支道林入东见子猷兄弟还，人问：“见诸王何如？”（轻诋第二十六）

其中“还东”① 4例，“从东出”2例，“入东”2例，“在东”② 2例。

《左传》中用介词“于”+方位名词来表示事情发生的地点，这些作补语的介宾结构在现代汉语中多置于谓语动词前作状语。相对于《左传》而言，《世说新语》中“东”单独作宾语时新增加了“从东出”的用法，介词“从”+宾语在句中作状语，与现代汉语的语序是一致的，可见《世说新语》的部分语序已经开始向现代汉语的语序过渡。

《左传》中“东”单独作宾语的仅有4例，且其中3例为动宾结构。仅有1例为介宾结构。可见，《左传》时期动词的用法占绝对的优势。《世说新语》中“东”单独作宾语的例句增加至10例，其中有7例为动宾结构，3例为介宾结构，动词仍占绝对优势，但已出现了动词虚化为介词的趋势。

---

① 《左传》中，几乎没有“还”+宾语的情况。

② “在”在一例中作介词，介宾短语“在东”作状语；在另一例中“在”作动词，表示“处于、居于”。

《世说新语》中“东”单独作谓语的仅有1例[1]：

及玄业成辞归，既而融有“礼乐皆东”之叹，恐玄擅名而心忌焉。(文学第四)

可见，从《左传》到《世说新语》，“东”单独作谓语的用例大为减少。

“东”单独作定语在《世说新语》中共有13例，例如：

和峤为武帝所亲重，语峤曰：“东宫顷似更成进，卿试往看。”(方正第五)

周、王既入。始至阶头，帝逆遣传诏遏使就东厢[2]。(方正第五)

何次道尝送东人，瞻望见贾宁在后轮中，曰：“此人不死，终为诸侯上客。”(赏誉第八)

“东”单独作状语的共有8例，例如：

见其坐六尺簟，因语恭：“卿东来，故应有此物，可以一领及我。”(德行第一)

司马景王东征，取上党李喜，以为从事中郎。(言语第二)

明帝问何以致泣，具以东度意告之。(夙惠第十二)

王平子始下，丞相语大将军：“不可复使羌人东行。”平子面似羌。(尤悔第三十三)

《世说新语》中“东”的句法功能分布情况见下表：

形式	句法功能			
	宾语	谓语	定语	状语
东	10	1	13	8
比重	31.3%	3.1%	40.6%	25%

可见，相对于《左传》时期，《世说新语》时期“东”单独作句法成分时的句法功能没有发生很大变化，但相应的比例关系有了一定的改变。从《左传》到《世说新语》，“东”单独作宾语的比重有所增加，单独作定语的

① 林晓恒在《中古汉语方位词研究》中认为《世说新语》中没有单音节方位词单独作谓语的例句，经过我们的计量分析可知，这一说法是不准确的。

② 此处“东厢”为数量性方所，储泽祥在《现代汉语方所系统研究》一书中认为：“由数量词语构成的方所，就是数量性方所。数量性方所在具体句子中常常是定指性的。”

比重大幅减少。另外，《世说新语》时期出现了一些新的语法现象，部分语序已经有向现代汉语过渡的迹象。

（二）“×东”的句法功能分布

（1）《左传》中“×东”的句法功能分布。

《左传》中“×东”[①] 形式的方位短语共有 8 例。

“×东”在句中作宾语有 5 例，例如：

吾不得志于汉东也，我则使然。（桓公六年）
于是秦始征晋河东，置官司焉。（僖公十五年）
请使吴王居甬东，辞曰：“孤老矣，焉能事君？”（哀公二十二年）

有 2 例作定语：

汉东之国随为大，随张必弃小国，小国离，楚之利也。（桓公六年）
随以汉东诸侯叛楚。（僖公二十年）

有 1 例作谓语：

先王疆理天下物土之宜，而布其利，故《诗》曰：“我疆我理，南东[②]其亩。”（成公二年）

其中“南东”在句中作动词，带宾语“其亩”，表使动。

（2）《世说新语》中“×东”的句法功能分布。

发展到《世说新语》时期，“×”以具体事物名称为主，如“江东”“阁东”等。《世说新语》中方位短语“×东”有 5 例，例如：

陆机诣王武子，武子前置数斛羊酪，指以示陆曰：“卿江东何以敌此？”（言语第二）

---

① “东”“西”“南”“北”前的名词，常常是较广大或平坦的地方，因此相对于“×左/右”，现代汉语中“×东/西/南/北”更为常见。由于“东”“南”“西”“北”都是双层基准的位相，因为有隐性基准，从方向性来说，“×东/西/南/北”都是恒定性的，具有绝对的恒向性，一般不易受到主观视点的影响。详见储泽祥《现代汉语方所系统研究》。

② “东南”“西南”“东北”“西北”即古人所说的“四隅方”（东、南、西、北是正四方），一般“东”“西”在前，“南”“北”在后，即按照［（东，西）+（南，北）］组合，这种语序很早就固定下来了，如《易经》中有：“西南得朋，东北丧朋，安贞吉。”《山海经》中有：“有人名曰石夷，来风曰韦，处西北隅以司日月之长短。”这种固定的语序一直沿用至今，只有极少数例外。此处是“南东”而不是“东南”，依据语境可以得知，“南东”是按动作的顺序组合而成的，即先向南后向东。

有署阁柱曰：“阁东，有大牛，和峤鞅，裴楷鞦，王济剔嬲不得休。”或云潘尼作之。（政事第三）

支公好鹤，住剡东岇山。有人遗其双鹤，少时翅长欲飞，支意惜之，乃铩其翮。（言语第二）

张季鹰纵任不拘，时人号为“江东步兵”。（任诞第二十三）

例1中“江东”在句中作中心语，例2和例4中“×东”在句中作定语，例3作主语。

可见，从《左传》到《世说新语》，方位短语“×东”在句中的句法功能逐渐多样化。

（三）“东×”的句法功能分布

（1）《左传》中“东×”的句法功能分布。

《左传》中“东×”的形式比较常见，且“×”都是名词。既有普通名词，如“门、宫、鄙”等，也有专有名词，表示地名、国名等，如“国、夷、夏”等，其中以普通名词最为常见。既有有生名词，如“人”等，也有无生名词，如“海、土”等，其中以无生名词比较常见。具体分布情况如下（数字表示在《左传》中出现的次数）：

无生名词：东门17[①]、东鄙6、东宫4、东道2、东闾2、东偏1、东郊1、东山1、东楹1、东郭1、东土1。

有生名词：东夷10、东人1、东诸侯1、东之诸侯1、东师1、东王1。

《左传》中“东×”在句中主要作宾语，全书共34例，例如：

夏，扬、拒、泉、皋、伊、洛之戎同伐京师，入王城，焚东门，王子带召之也。（僖公十一年）

孟献子曰：“以敝邑介在东表，密迩仇雠，寡君将君是望，敢不稽首？”（襄公三年）

再合诸侯，三合大夫，服齐、狄，宁东夏，平秦乱，城淳于，师徒不顿，国家不罢（疲），民无谤讟，诸侯无怨，天无大灾，子之力也。（昭公元年）

晋侯先至焉，秦伯不肯涉河，次于王城，使史颗盟晋侯于河东。（成公十一年）

常作定语，全书共16例，例如：

州绰曰：“东闾之役，臣左骖迫，还于门中，识其枚数。其可以与于此

① “东门”在《左传》中一共出现了25次，8次表姓氏，表示方位义的有17例。

乎?”(襄公二十一年)

于是东诸侯之师次于鄫，以待晋师。(襄公元年)

秋，会于温，盟于瓦屋，以释东门之役，礼也。(隐公八年)

使屈罢简东国之兵于召陵，亦如之。(昭公十四年)

作主语的有4例：

东国水，不可以城。(昭公四年)

东王必大克。(昭公二十三年)

以东师之未至也，与军帅之不具也，曰：“此必败，吾因奉孙周以事君。”(成公十七年)

商纣为黎之，东夷叛之蒐。(昭公二年)

作补语的全书仅1例：

王定而献之，与之东訾。(昭公二十四年)

作中心语的有14例，例如：

取于相土之东都，以会王之东蒐。(定公四年)

郑伯使许大夫百里奉许叔以居许东偏，曰：“天祸许国，鬼神实不逞于许君，而假手于我寡人。”(隐公十一年)

是行也，郑伯将会晋师，门于许东门，大获焉。(成公八年)

诸侯之师观兵于郑东门，郑人使王子伯骈行成。(襄公十一年)

《左传》中“东×”的句法功能分布情况见下表：

形式	句法功能				
	宾语	定语	主语	补语	中心语
东×	34	16	4	1	14
比重	49.3%	23.2%	5.8%	1.4%	20.3%

(2)《世说新语》中“东×”的句法功能分布。

到了《世说新语》时期，“×”的属性发生了一定变化，在《世说新语》中，“×”部分出现了方位短语作中心语的情况，如“东床上”。《世说新语》中共出现了14个定中结构的“东×”。

“东×”在句中主要作宾语，有7例，例如：

丞相语郗信：“君往东厢，任意选之。”（雅量第六）

门生归，白郗曰：“王家诸郎亦皆可嘉，闻来觅婿，咸自矜持，唯有一郎在东床上坦腹卧，如不闻。”（雅量第六）

谢太傅于东船行，小人引船，或迟或速，或停或待，又放船从横，撞人触岸。（尤悔第三十三）

也可作主语，共有2例：

和峤为武帝所亲重，语峤曰：“东宫顷似更成进，卿试往看。”（方正第五）

东信至，传淮上大捷。（尤悔第三十三）

作定语的有2例：

每言帝不孝之状，而皆云：“温太真所说。温尝为东宫率，后为吾司马，甚悉之。”（方正第五）

东府客馆是版屋。（排调第二十五）

作补语的也有2例：

考掠初无一言，临刑东市，颜色不异。（方正第五）

嵇中散临刑东市，神气不变。（雅量第六）

还有1例作兼语：

文帝尝令东阿王七步作诗，不成者行大法。（文学第四）

《世说新语》中“东×”的句法功能分布情况见下表：

形式	句法功能				
	宾语	主语	定语	补语	兼语
东×	7	2	2	2	1
比重	50%	14.3%	14.3%	14.3%	7.1%

由此观之，从《左传》到《世说新语》，“东×”形式的句法功能没有发生很大的变化。《世说新语》中新增加了作兼语的用法。在用例比重上，虽然“东×”在句中作宾语的用例减少了，但仍占最大比重，可见从《左传》到《世说新语》时期“东×”在句中主要作宾语。

（四）“东”类合成方位词的句法功能分布

（1）《左传》中“东”类合成方位词的句法功能分布。

在《左传》中，“东”类合成方位词主要有两种：一种是“东”后加“方”成词；另一种是和“西、南、北”结合成词，具体分析如下。

“东方”① 在《左传》中出现了4例，都位于介词“于”之后，在句中作宾语：

陈辕涛涂谓郑申侯曰：“师出于陈、郑之间，国必甚病。若出于东方，观兵于东夷，循海而归，其可也。”（僖公四年）

申侯见，曰：“师老矣，若出于东方而遇敌，惧不可用也。”（僖公四年）

巫曰：“今兹主必死，若有事于东方，则可以逞。”（襄公十八年）

冬十有一月，有星孛于东方。（哀公十三年）

《左传》中也有“东”与词根“西、南、北”结合形成合成词的情况，其中组合成词的有4例，“东南”有2例，“东北”有1例，“东西南北”有1例，均表示方位义，在句中作宾语中心语和主题主语，例如：

又伐其东南，至于阳丘，以侵訾枝。（文公十六年）

《诗》云：“王事靡盬，不遑启处。”东西南北，谁敢宁处？（襄公二十九年）

（2）《世说新语》中“东”类合成方位词的句法功能分布。

发展到《世说新语》时期，“东”类合成方位词有了新的变化。《世说新语》中“东”类合成方位词也可以分为以下两大类：

“东”与后缀“头”组合成词，这样的在《世说新语》中仅出现了1例，且“东头”在句中作宾语：

蔡司徒在洛，见陆机兄弟住参佐廨中，三间瓦屋，士龙住东头，士衡住西头。（赏誉第八）

---

① 关于单纯方位词“东/西/南/北”+“方”是否成词的问题，学界有不同的看法。持否定看法的有朱德熙、丁声树、吕叔湘、刘月华及张谊生等；持肯定看法的主要有黎锦熙、齐沪扬、张世禄和俞士汶等。黎锦熙先生在《新著国语文法》中认为，方位词“东/西/南/北”常添附“方”“面”“边”“头”等字，成为复合词。齐沪扬先生在《现代汉语空间问题研究》中将方位词分为单音节方位词和双音节方位词，并认为“东/西/南/北”+“边/面/头/方”都是双音节方位词。张世禄先生在《先秦汉语方位词的语法功能》一文中提出先秦汉语合成方位词除了对举式的，还有“东/西/南/北”+“方”的结构。我们同意张世禄先生的这一观点，将《左传》中的“东/西/南/北”+“方”列入合成方位词进行讨论。

"东"与"南、下、北"等词根组合成词，在《世说新语》中共有4例，且在句中均作定语：

不徒东南之美，实为海内之秀。(言语第二)

有往来者云："庾公有东下意。"(雅量第六)

张华见褚陶，语陆平原曰："君兄弟龙跃云津，顾彦先凤鸣朝阳。谓东南之宝已尽，不意复见褚生。"(赏誉第八)

使反曰："其余无异，唯东北角①如有人迹，而墙高，非人所逾。"(惑溺第三十五)

可见，从《左传》到《世说新语》，"东"类合成方位词有了很大的变化。《世说新语》中的"东"类合成方位词在《左传》的基础上有了新的发展。首先，在复合方位词方面，《左传》中仅有"东"与"西、南、北"结合的情况，而组合成词的共有4例。《世说新语》中出现了"东"与"下"结合的情况，"东下"作定语。可见随着语言的发展，"东"字复合的范围在扩大。其次，《左传》中没有发现方位词根"东"和词缀"边、面、头"结合的情况②，《世说新语》中首次出现了"东头"的用例。另外，在句法功能上，《左传》中"东"类合成方位词多用于作宾语中心语，《世说新语》中多用于作定语。

二、"西"的句法功能演变

(一)"西"的句法功能分布

(1)《左传》中"西"的句法功能分布。

《左传》中"西"主要作为单纯方位词在句中作句法成分，可单独作定语、主语、宾语、谓语、状语及中心语，主要单独作定语。以"西×"形式出现的，共有45例，其中"×"以无生名词较为常见，例如：

七日新城西偏，将有巫者而见我焉。(僖公十年)

齐侯侵我西鄙，遂伐曹，入其郛。(文公十五年)

---

① 复合方位词+"角"常常表示某物的一部分。

② 张世禄先生在《先秦汉语方位词的语法功能》一文中指出："先秦汉语中合成的方位词还很少。'以(之)上''以(之)下''之中''之间'等我们认为是两个词，还没有结合成一个词。'东面''南面'等也是两个词，更没有结合成一个词，和现代汉语的合成方位词'东面''南面'的意思不一样。"我们认同张世禄先生的说法。《左传》中"以东""之东""东面"等均为两个词合成的形式，如："郑于是不敢南面。"此处"南"作状语，"面"为谓语。

秋，齐人侵我西鄙，故季文子告于晋。（文公十五年）

“西”单独作主语在《左传》中共有4例，例如：

齐侯不务德而勤远略，故北伐山戎，南伐楚，西为此会也。（僖公九年）
东略之不知，西则否矣。其在乱乎。（僖公九年）
冬，有星孛于大辰，西及汉。（昭公十七年）

“西”单独作宾语，共有2例：

诸侯疾之，将致命于秦。文公恐惧，绥靖诸侯，秦师克还，无害，则是我有大造于西也。（成公十三年）
今火犹西流，司历过也。（哀公十二年）

前一例中“西”作介词“于”的宾语，后一例则是宾语前置句，动词“流”表示“经过”，方位词“西”作“流”的宾语，在现代汉语中应作“流西”。

“西”单独作谓语，共有2例，例如：

及子圉西质，妾为宦女焉。（僖公十七年）

其中“西”与“质”构成连谓结构。

“西”单独作状语，共有7例，例如：

观兵于南门，西济于济隧。（襄公十一年）
敝邑之急，朝不及夕，引领西望，曰：“庶几乎！”（襄公十六年）
春，西狩于大野，叔孙氏之车子鉏商获麟，以为不祥，以赐虞人。（哀公十四年）

《左传》中“西”常单独作中心语，共有17例，例如：

晋郤犨盟秦伯于河西。（成公十一年）
齐侯以我服故，归济西之田。（宣公十年）
诸侯之师次于郑西。（成公十六年）

另有“之西”2例：

遇大宰督于东宫之西，又杀之。（庄公十二年）
孟氏执郈昭伯，杀之于南门之西，遂伐公徒。（昭公二十五年）

“以西”[①] 3 例：

聊、摄以东，姑、尤以西，其为人也多矣！（昭公二十年）

齐侯曰：“自莒疆以西，请致千社，以待君命……”（昭公二十五年）

昔晋人伐卫，齐为卫故，伐晋冠氏，丧车五百，因与卫地，自济以西，禚、媚、杏以南，书社五百。（哀公十五年）

《左传》中“西”的句法功能分布情况见下表：

形式	句法功能					
	定语	主语	宾语	谓语	状语	中心语
西	45	4	2	2	7	17
比重	58.4%	5.2%	2.6%	2.6%	9.1%	22.1%

（2）《世说新语》中“西”的句法功能分布。

发展到《世说新语》时期，单纯方位词“西”作句法成分的情况仍占主导地位。《世说新语》中“西”可单独作定语、宾语、状语、谓语、中心语。

“西”主要作定语，在文中共出现 14 例，例如：

许意甚忿，便往西寺与王论理，共决优劣。（文学第四）

明帝在西堂，会诸公饮酒，未大醉，帝问：“今名臣共集，何如尧、舜?”（方正第五）

陈林道在西岸，都下诸人共要至牛渚会。（豪爽第十三）

“西”常作宾语，共出现 5 例，且“西”均分布在谓语“出”[②] 后。例如：

谢安南免吏部尚书还东，谢太傅赴桓公司马出西，相遇破冈。（雅量第六）

---

① “以东”“以西”“以南”“以北”前的内容一般只能是地名或其他命名标方所名词。

② “出”在近代汉语中有两个义项表示位移，一是“由内而外”，二是“到”。此处，“出”表“到”义，现代汉语中“出”的“到”义已消失殆尽，只有在少数词语里，如“出席”“出场”中保留这种意义。储泽祥先生在他与王寅合著的《动词的“重新理解”及其造成的影响》一文中指出：“出”从古到今结构关系的变化是由于它在现代汉语中被重新理解了。《世说新语》中还存在“动词 +（出 + ×）”的联动结构，如“谢遏夏日尝仰卧，谢公清早卒来，不暇著衣，跳出屋外，方蹑履问讯”（《世说新语笺疏》）中的“出”也是“到”义。

殷允出西，郗超与袁虎书云：“子思求良朋，托好足下，勿以开美求之。”（赏誉第八）

谢公与谢万共出西，过吴郡，阿万欲相与共萃王恬许。太傅云：“恐伊不必酬汝，意不足耳。”（简傲第二十四）

作状语的共有5例，例如：

郭曰：“命驾西出数里，得一柏树，截断如公长，置床上常寝处，灾可消矣。”（术解第二十）

王忱死，西镇未定，朝贵人人有望。（识鉴第七）

殷曰：“铜山西崩，灵钟东应，便是《易》耶?”远公笑而不答。（文学第四）

作谓语的有3例，例如：

及桓还荆州，将西之间，意气甚笃，奕弗之疑。（简傲第二十四）

唯谢虎子妇王悟其旨，每曰：“桓荆州用意殊异，必与晋陵俱西矣。”（简傲第二十四）

作中心语仅有1例：

庾子躬有废疾，甚知名。家在城西，号曰“城西公府”。（赏誉第八）

《世说新语》中“西”的句法功能分布情况见下表：

形式	句法功能				
	定语	宾语	状语	谓语	中心语
西	14	5	5	3	1
比重	50%	17.9%	17.9%	10.7%	3.6%

相对于《左传》，《世说新语》中没有出现“西”单独作主语的用例，“西”单独作定语仍占主导地位，“西”单独作中心语的比重大幅度减少，作宾语的用例增加，且均以“出西”的形式出现。

（二）“×西”的句法功能分布

（1）《左传》中“×西”的句法功能分布。

《左传》中“西”的前置用例不多，“×”主要是专有名词（地名、国名等)，如“济西、河西、郑西、城西”等。

“×西”在《左传》中主要作定语，全书共有10例，例如：

郑伯享王于阙西辟，乐备。(庄公二十一年)

六月，齐人取济西之田，为立公故，以赂齐也。(宣公元年)

二年春，王二月，季孙斯、叔孙州仇、仲孙何忌帅师伐邾，取漷东田及沂西田。(哀公二年)

“×西”作宾语的例句有4例：

夏，公追戎于济西。(庄公十八年)

秦伯师于河西，魏人在东。(文公十三年)

晋郤犨盟秦伯于河西。(成公十一年)

诸侯之师次于郑西。(成公十六年)

(2)《世说新语》中“×西”的句法功能分布。

方位短语“×西”在《世说新语》中仅出现了1例，即“城西”，它在句中作宾语。

(三)“西×”的句法功能分布

(1)《左传》中“西×”的句法功能分布。

《左传》方位短语中置于“西”后的词语主要为名词，包括普通名词和专有名词。普通名词有“鄙、门、河”等，专有名词有“戎”等，其中以普通名词比较常见；还可以分为有生名词和无生名词，以无生名词比较常见。

《左传》中“西×”在句中主要作中心语，共有22例，例如：

冬，齐人、宋人、陈人伐我西鄙。(庄公十九年)

栾盈过于周，周西鄙掠之。(襄公二十一年)

取卫西鄙懿氏六十以与孙氏。(襄公二十六年)

齐侯伐我西鄙。(文公十七年)

“西×”也常作宾语，全书共10例，例如：

遂霸西戎，用孟明也。(文公三年)

归子而不归，鲋也闻诸吏，将为子除馆于西河，其若之何？(昭公十三年)

载伯姬于平阳而行，及西门，使贰车反祏于西圃。(哀公十六年)

莒共公惧，启西门而出。七月丙子，齐师入纪。(昭公十九年)

“西×”作主语共出现了2例：

西邻责言，不可偿也。（僖公十五年）
五月乙巳，西宫灾。（僖公二十年）

“西×”作定语的有7例，例如：

今西王之大臣亦震，天弃之矣！（昭公二十三年）
癸亥，盟于宋西门之外，曰：“凡晋、楚无相加戎，好恶同之，同恤菑危，备救凶患……”（成公十二年）
二师令四乡正敬享，祝宗用马于四墉，祀盘庚于西门之外。（襄公九年）
国人患之，乃讨西宫之难，与纯门之师。（襄公十九年）
公及陈侯、郑伯、许男送葬，至于西门之外。（襄公二十九年）

“西×”作兼语的有2例：

既而大叔命西鄙、北鄙贰于己。（隐公元年）
将有西师过轶我，击之，必大捷焉。（僖公三十二年）

《左传》中“西×”的句法功能分布情况见下表：

形式	句法功能				
	中心语	宾语	主语	定语	兼语
西×	22	10	2	7	2
比重	51.2%	23.3%	4.7%	16.3%	4.7%

（2）《世说新语》中“西×”的句法功能分布。

发展到《世说新语》时期，无生名词“×”在“西×”结构中占绝对优势。“西×”在句中主要作宾语，共有11例，例如：

王文度在西州，与林法师讲，韩、孙诸人并在坐，林公理每欲小屈。（排调第二十五）
桓玄初并西夏，领荆、江二州、二府、一国。（文学第四）
诸葛宏在西朝，少有清誉，为王夷甫所重。（黜免第二十八）

“西×”在句中作中心语仅有1例：

时诸人士及林法师并在会稽西寺讲，王亦在焉。（文学第四）

“西×”作定语的有2例，例如：

初不答，直高视，以手版拄颊云：“西山朝来，致有爽气。”（简傲第二十四）

《世说新语》中“西×”的句法功能分布情况见下表：

形式	句法功能		
	宾语	中心语	定语
西×	11	1	2
比重	78.6%	7.1%	14.3%

由此可见，相对于《左传》，《世说新语》中的“×”更加倾向于无生名词。《世说新语》中“西×”的句法功能种类减少，且在句中以作宾语为主，作中心语的比重大幅度减少。

（四）“西”类合成方位词的句法功能分布

（1）《左传》中“西”类合成方位词的句法功能分布。

在《左传》中，“西”类合成方位词仅有一种情形，即与“东、南、北”构成复合式方位词，这样的在书中共有8例，其中“西南”有3例，例如：

辛丑，伐京，毁其西南。（昭公二十二年）

卫侯占梦，嬖人求酒于大叔僖子，不得，与卜人比而告公曰：“君有大臣在西南隅，弗去，惧害。”（哀公十六年）

前一例中“西南”在句中充当宾语中心语，后一例中“西南”与“隅”构成方位短语，充当动词“在”的宾语。

“西北”在《左传》中共有4例：

董叔曰：“天道多在西北，南师不时，必无功。”（襄公十八年）

帅徒以往，陷西北隅以入。（昭公二十五年）

孟氏使登西北隅，以望季氏。（昭公二十五年）

初，卫侯伐邯郸午于寒氏，城其西北而守之，宵熸。（定公十年）

第一例“西北”充当动词“在”的宾语，中间两例“西北”与名词“隅”构成方位短语作宾语，最后一例作宾语中心语。

（2）《世说新语》中“西”类合成方位词的句法功能分布。

《世说新语》时期是“西”类合成方位词发展的过渡时期。《世说新语》中“西”类合成方位词仅出现过1例：

蔡司徒在洛，见陆机兄弟住参佐廨中，三间瓦屋，士龙住东头，士衡住西头。（赏誉第八）

其中“西头”在句中作宾语。

虽然《世说新语》并不能代表这一时期“西”类合成方位词的全貌，但《世说新语》中已出现了现代汉语中的派生式方位词“西头”，是“西头”等派生式方位词的萌芽时期。

三、“南”的句法功能演变

（一）“南”的句法功能分布

（1）《左传》中“南”的句法功能分布。

《左传》中单纯方位词“南”单独作句法成分的共有65例。

与“东”“西”一样，“南”在《左传》中主要作定语，共有34例，例如：

楚伐绞，军其南门。（桓公十二年）

邾人来讨，伐我南鄙，故惠伯伐邾。（文公十四年）

使与之琴，操南音。（成公九年）

“南”也常作中心语，共有15例。其中有6例作专有名词的中心语，例如：

其俘诸江南，以实海滨，亦唯命。（宣公十二年）

七月丙寅，治兵于邾南，甲车四千乘，羊舌鲋摄司马，遂合诸侯于平丘。（昭公十三年）

有4例作普通名词中心语，例如：

秋七月癸巳，葬昭公于墓道南。（定公元年）

有2例用于代词“其”后：

楚子在公宫之北，吴人在其南。（定公四年）

冬十月，晋赵鞅围朝歌，师于其南。（哀公三年）

另有3例“以南”：

分曹地，自洮以南，东傅于济，尽曹地也。（僖公三十一年）

封畛土略，自武父以南，及圃田之北竟，取于有阎之土，以共王职。（定公四年）

昔晋人伐卫，齐为卫故，伐晋冠氏，丧车五百，因与卫地，自济以西，禚、媚、杏以南，书社五百。（哀公十五年）

“南”单独作主语时一般都出现在与“东、西、北”搭配的并列结构中。《左传》中“南”单独作主语的出现了2例，例如：

甲辰，东侵及潍，南及沂。（襄公十八年）

“南”单独作谓语的共有5例，其中前4例“南”分布在“而”后，均为谓词性联合结构：①

十一月，诸侯之师还郑而南，至于阳陵，楚师不退。（襄公十年）

欲自武城还，循山而南。（昭公二十三年）

蔡侯归，及汉，执玉而沈，曰：“余所有济汉而南者，有若大川。”（定公三年）

宵迷，阳虎曰：“右河而南，必至焉。”（哀公二年）

还有1例为“南”的使动用法，句中“南”表示“使……向南”：

令尹南辕、反旆，伍参言于王曰：“晋之从政者新，未能行令……”（宣公十二年）

“南”单独作状语，共有9例，例如：

子产朝，过而怒之，除者南毁。（昭公十八年）

二十年春，王二月己丑，日南至。（昭公二十年）

阴不佞以温人南侵，拘得玉者，取其玉，将卖之，则为石。（昭公二十四年）

《左传》中“南”的句法功能分布情况见下表：

---

① 关于“而”的用法，《马氏文通》中有精辟的论述：“‘而’字之为连字，不惟用以承接，而且为推转者亦习见焉。然此皆上下文义为之。不知‘而’字不变之例，惟用以为动静诸字之过递耳，是犹‘与’‘及’等字之用以联名代诸字也。”杨荣祥认为：“连词‘而’的基本语法功能是标记‘两度陈述’，即‘而’连接的一定是两个在句法结构中具有述谓功能的成分。”

形式	句法功能				
	主语	谓语	状语	定语	中心语
南	2	5	9	34	15
比重	3.1%	7.7%	13.8%	52.3%	23.1%

（2）《世说新语》中“南”的句法功能分布。

发展到《世说新语》时期，“南”单独作句法成分的情况发生了很大的变化。《世说新语》中“南”主要作定语，共有14例，例如：

宣武移镇南州，制街衢平直。（言语第二）

王子敬数岁时，尝看诸门生樗蒲，见有胜负，因曰：“南风不竞。”（方正第五）

庾太尉在武昌，秋夜气佳景清，使吏殷浩、王胡之之徒登南楼理咏。音调始遒，闻函道中有屐声甚厉，定是庾公。（容止第十四）

“南”常作中心语，共有9例，例如：

阮仲容、步兵居道南，诸阮居道北。（任诞第二十三）

王、刘共在杭南，酣宴于桓子野家。（任诞第二十三）

桓玄尝登江陵城南楼云：“我今欲为王孝伯作诔。”（文学第四）

“南”作状语有2例：

褚太傅南下，孙长乐于船中视之。（轻诋第二十六）

苏峻之乱，庾太尉南奔见陶公。（俭啬第二十九）

“南”作宾语有1例：

王右军在南，丞相与书，每叹子侄不令，云：“虎豘、虎犊，还其所如。”（轻诋第二十六）

《世说新语》中“南”的句法功能分布情况见下表：

形式	句法功能			
	定语	中心语	状语	宾语
南	14	9	2	1
比重	53.8%	34.6%	7.7%	3.8%

可见，从《左传》到《世说新语》时期，“南”单独作句法成分时以作定语为主。相对于《左传》，《世说新语》中“南”单独作状语的比重大幅度减少，作谓语的用例在《世说新语》中没有出现。

(二)“×南”的句法功能分布

(1)《左传》中“×南”的句法功能分布。

“南”类方位短语在《左传》中可分为两类，一类为“×南”形式，共有11例，其中“×”大多为具体的地名、区域名，如“曹南”“江南”“道南”等，有9例，“其南”有2例。

方位短语“×南”在《左传》中大多作宾语，共有8例，例如：

夏六月，宋公、曹人、邾人盟于曹南。(僖公十九年)

四年春，王正月，许男如楚，楚子止之，遂止郑伯，复田江南，许男与焉。(昭公四年)

“×南”作定语，仅有1例：

既享，子产乃具田备，王以田江南之梦。(昭公三年)

“×南”作主语有1例：

市南有熊宜僚者，若得之，可以当五百人矣。(哀公十六年)

另一种为“×+以南”的形式，共有3例：

分曹地，自洮以南，东傅于济，尽曹地也。(僖公三十一年)

封畛土略，自武父以南，及圃田之北竟，取于有阎之土，以共王职。(定公四年)

昔晋人伐卫，齐为卫故，伐晋冠氏，丧车五百，因与卫地，自济以西，禚、媚、杏以南，书社五百。(哀公十五年)

(2)《世说新语》中“×南”的句法功能分布。

发展到《世说新语》时期，“南”类方位短语仅有“×南”一种形式。《世说新语》中方位短语“×南”主要作宾语，共有5例，例如：

谓温峤曰：“班彪识刘氏之复兴，马援知汉光之可辅。今晋祚虽衰，天命未改。吾欲立功于河北，使卿延誉于江南，子其行乎?”(言语第二)

裴从①床南下，女从北下，相对作宾主，了无异色。（任诞第二十三）

“×南”作定语有3例：

将让河南尹，请潘岳为表。（文学第四）
杜预拜镇南将军，朝士悉至，皆在连榻坐，时亦有裴叔则。（方正第五）
许玄度隐在永兴南幽穴中，每致四方诸侯之遗。（栖逸第十八）

“×南”作主语有1例：

褚因举手答曰：“河南褚季野。”（雅量第六）

从《左传》到《世说新语》，方位短语“×南”在句中的句法功能种类没有发生很大变化，“×南”在句中均作宾语、定语和主语，其中以作宾语为主。此外，“×南”中的“×”由原来的单音节词语发展出了双音节形式。

（三）“南×”的句法功能分布

（1）《左传》中“南×”的句法功能分布。

《左传》中附于“南”后的词大部分为名词，且自由度不高，以地名、国名、建筑物名等无生名词为主。

“南×”在《左传》中主要作中心语，共有15例，例如：

初，内蛇与外蛇斗于郑南门中，内蛇死。（庄公十四年）
今虢为不道，保于逆旅，以侵敝邑之南鄙。（僖公二年）
邾人伐我南鄙，叔彭生帅师伐邾。（文公十四年）

“南×”常作宾语，共有12例，例如：

楚子使与师言曰：“君处北海，寡人处南海，唯是风马牛不相及也。”（僖公四年）
及还，阳虎使季、孟自南门入，出自东门，舍于豚泽。（定公六年）
若逐之，必出于南门而适君所。（哀公二十五年）

---

① 《左传》出现的介宾结构中介词多用“自”，《世说新语》中“从”异军突起，使用率逐渐超过了“自”。王鸿滨教授在《介词“自/从”历时考》中对介词“自”“从”在不同时期的文献中的使用情况作了考察，发现由“自”组成的介宾短语的位置基本位于述语前，同时比较了“从”的使用情况，从而推测：介词“从”代替“自”最早是由表示处所开始，在上古晚期萌芽。在之后的研究中，他考察了《搜神记》《世说新语》《敦煌变文》中“自”和“从”的使用情况，从而证实了在这一时期表处所起点的“从”确实比“自”在数量上占具了优势。详见王鸿滨．介词“自/从”历时考［J］．上海师范大学学报（自然科学版），2007（1）：122－127.

“南×”作主语的共有3例：

董叔曰：“天道多在西北，南师不时，必无功。”（襄公十八年）
其卦遇复，曰：“南国蹙，射其元王中厥目。”（成公十六年）
南风不竞，多死声。（襄公十八年）

“南×”作定语的共有3例：

公敛处父帅成人，自上东门入，与阳氏战于南门之内，弗胜。（定公八年）
赐我南鄙之田，狐狸所居，豺狼所嗥。（襄公十四年）
孟氏执郈昭伯，杀之于南门之西，遂伐公徒。（昭公二十五年）

《左传》中“南×”的句法功能分布情况见下表：

形式	句法功能			
	中心语	宾语	主语	定语
南×	15	12	3	3
比重	45.5%	36.4%	9.1%	9.1%

（2）《世说新语》中“南×”的句法功能分布。

发展到《世说新语》时期，“南×”的句法功能分布情况有所改变。《世说新语》中共出现了14例定中结构的“南×”。

主要在句中作宾语，共有7例，例如：

谢公时，兵厮逋亡，多近窜南塘，下诸舫中。（政事第三）
尝失官居东阳，桓大司马在南州，故往投之。（假谲第二十七）
庾每诣周，庾从南门入，周从后门出。（尤悔第三十三）

常作主语，共有6例，例如：

诸公怪问之，祖曰：“昨夜复南塘一出。”（任诞第二十三）
王子敬数岁时，尝看诸门生樗蒲，见有胜负，因曰：“南风不竞。”（方正第五）
孙答曰：“南人学问，清通简要。”（文学第四）

作状语的有1例：

卞范之为丹阳尹。羊孚南州暂还，往卞许，云：“下官疾动，不堪坐。”（宠礼第二十二）

《世说新语》中“南×”的句法功能分布情况见下表：

形式	句法功能		
	宾语	主语	状语
南×	7	6	1
比重	50%	42.9%	7.1%

可见，《左传》时期“南×”前多加名词、代词等来限定范围，“南×”多在句中作中心语。到了《世说新语》时期，“南×”大多直接在句中作宾语。相对于《左传》，《世说新语》中“南×”作宾语和主语的比重都有所上升，作主语的比重上升更为明显，且不再作中心语。

（四）“南”类合成方位词的句法功能分布

（1）《左传》中“南”类合成方位词的句法功能分布。

《左传》中，“南”类合成方位词的情况也有两种：一种是与“方”构成派生式合成方位词，“南方”在《左传》中共出现了2例，且在句中作宾语：

若大城城父，而置太子焉，以通北方，王收南方，是得天下也。（昭公十九年）

畴无余、讴阳自南方，先及郊。（哀公十三年）

另一种情况为“南”与“东、西、北”结合成复合式合成方位词，这样的在《左传》中有6例。其中有1例构成“东西南北”，此处不再讨论；有5例为“南”与方位词根“东”“西”结合成词，与“东”合用为“东南”的有2例，例如：

闰月，晋箕遗、乐征，右行诡济师，取前城，军其东南。（昭公二十二年）

与“西”合用为“西南”的有3例，例如：

楚大饥，戎伐其西南，至于阜山，师于大林。（文公十六年）

(2)《世说新语》中“南”类合成方位词的句法功能分布。

发展到《世说新语》时期，“南”类合成方位词出现的例句不是很多。《世说新语》中“南”类合成方位词仅有2例，且“东南”在句中均作定语：

不徒东南之美，实为海内之秀。(言语第二)

张华见褚陶，语陆平原曰：“君兄弟龙跃云津，顾彦先凤鸣朝阳。谓东南之宝已尽，不意复见诸生。”(赏誉第八)

《左传》时期，“东南”在句中倾向于作中心语，到了《世说新语》时期，“东南”多用于“东南之×”的句式，在句中作定语。

四、“北”的句法功能演变

(一)“北”的句法功能分布

(1)《左传》中“北”的句法功能分布。

《左传》中“北”单独作句法成分的共有89例。

“北”主要单独作定语，共出现了67例[①]，例如：

北戎侵郑，郑伯御之。(隐公九年)

杞子自郑使告于秦，曰：“郑人使我掌其北门之管，若潜师以来，国可得也。”[②](僖公三十二年)

二月癸卯，齐人葬庄公于北郭。(襄公二十九年)

“北”在《左传》中也常单独作谓语，共有8例，其中，有5例不带宾语：

斗廉衡陈其师于巴师之中，以战，而北。(桓公九年)

又与之遇，七遇皆北，唯裨、儵、鱼人实逐之。(文公十六年)

华氏北，复即之。(昭公二十一年)

仲尼命申句须、乐颀下，伐之，费人北。(定公十二年)

大子救之以戈，郑师北，获温大夫赵罗。(哀公二年)

---

① 邱斌先生认为《左传》中“北”单独作定语有67例，将书中出现的6例“北方”归为复合方位词讨论，可见，邱斌先生认为“北方”在《左传》时期已经成词，我们同意邱斌先生的说法，将“北方”归于复合方位词单独讨论。

② 此句为成语“北门之管”的来源。杜预注：“管，钥也。”后因用以喻军事要地或守御重任。

3例带宾语：

楚子北师次于郔。（宣公十二年）

王病之，告令尹，改乘辕而北之，次于管以待之。（宣公十二年）

得梦启北首而寝于卢门之外，已为乌而集于其上，加于南门，尾加于桐门。（哀公二十六年）

“北”单独作中心语的共有8例，例如：

秋七月己未，同盟于亳城北。（襄公十一年）

郊人助祝史，除于国北，禳火于玄冥、回禄，祈于四鄘。（昭公十八年）

己巳，晋师陈于莘北。（僖公二十八年）

“北”单独作主语的仅有1例①：

赐我先君履，东至于海，西至于河，南至于穆陵，北至于无棣。（僖公四年）

“北”单独作状语，共有5例，例如：

楚将北师。（成公十五年）

既献，臧孙命北面重席，新尊絜之。（襄公二十三年）

被发北面而噪曰：“登此昆吾之墟，绵绵生之瓜。余为浑良夫，叫天无辜。”（哀公十七年）

综上，《左传》中“北”的句法功能分布情况见下表：

形式	句法功能				
	定语	谓语	中心语	主语	状语
北	67	8	8	1	5
比重	75.3%	9.0%	9.0%	1.1%	5.6%

（2）《世说新语》中“北”的句法功能分布。

发展到《世说新语》时期，“北”单独作句法成分仍以作定语为主。《世

① 邱斌先生在其《古今汉语方位词对比研究》中认为“北”单独作主语的有2例，即将“齐侯不务德而勤远略，故北伐山戎，南伐楚，西为此会也”归为作主语的用例，我们认为不妥，此处“北”应单独作状语，修饰动词“伐”。

说新语》中“北”单独作句法成分的共有28例。

“北”单独作定语的有12例，例如：

历年后，讯其所由，妾具说是北人遭乱，忆父母姓名，乃攸之甥也。（德行第一）

褚季野语孙安国云：“北人学问，渊综广博。”（文学第四）

七月七日，北阮盛晒衣，皆纱罗锦绮。（任诞第二十三）

“北”常单独作状语，共有11例，例如：

桓公北征，经金城，见前为琅邪时种柳，皆已十围，慨然曰：“木犹如此，人何以堪！”（言语第二）

刘尹先推谢镇西，谢后雅重刘，曰：“昔尝北面。”（赏誉第八）

谢万北征，常以啸咏自高，未尝抚慰众士。（简傲第二十四）

“北”单独作中心语的有3例：

今晋祚虽衰，天命未改，吾欲立功于河北，使卿延誉于江南，子其行乎？（言语第二）

袁彦伯作《名士传》成，见谢公。公笑曰：“我尝与诸人道江北事，特作狡狯耳，彦伯遂以著书。”（文学第四）

阮仲容、步兵居道南，诸阮居道北。（任诞第二十三）

“北”单独作宾语的仅有2例：

王夷甫父乂，为平北将军，有公事，使行人论，不得。（识鉴第七）

裴从床南下，女从北下，相对作宾主，了无异色。（任诞第二十三）

《世说新语》中“北”的句法功能分布情况见下表：

形式	句法功能			
	定语	状语	中心语	宾语
北	12	11	3	2
比重	42.9%	39.3%	10.7%	7.1%

可见，从《左传》到《世说新语》，“北”单独作状语的比重大幅度增加，且出现了“北”表示“从北（来）”的语义，但“向北”在“北”作状

语中仍占主导地位。

（二）“×北”的句法功能分布

（1）《左传》中“×北”的句法功能分布。

方位短语“×北”在《左传》中仅 6 例，“×”大多表处所或某个地域范围，如“淮北”“道北”“庙北”等。

“×北”在句中主要作宾语，共有 5 例，例如：

子大叔之庙在道南，其寝在道北，其庭小。（昭公十八年）

过期三日，使除徒陈于道南庙北，曰：“子产过女而命速除，乃毁于而乡。”（昭公十八年）

晋士会救郑，逐楚师于颍北。（宣公十年）

方位短语“×北”作定语的仅有 1 例：

二月庚申，楚公子弃疾迁许于夷，实城父。（昭公九年）

（2）《世说新语》中“×北”的句法功能分布。

发展到《世说新语》时期，方位短语“×北”的使用率总体降低，《世说新语》中“×北”仅出现了 3 例，其中 2 例作宾语，1 例作定语。可见，相对于《左传》时期，“×北”在句中的句法功能并没有发生很大变化，仍以作宾语和定语为主。

（三）“北×”的句法功能分布

（1）《左传》中“北×”的句法功能分布。

《左传》中“北×”结构共有 75 例，其中“×”大部分为具体名词，如“北鄙”“北门”“北宫”等，具体分布见下表：

×	鄙	门	戎	宫	郭	燕	海	陵	风	狄	竟	土	山	斗
次数	20	12	5	5	5	9	1	1	1	1	2	2	1	1

“北×”在句中主要作宾语，共有 37 例，例如：

郑昭公之败北戎也，齐人将妻之，昭公辞。（桓公十一年）

秋七月，有星孛入于北斗。（文公十四年）

子产闻盗，为门者，庀群司，闭府库，慎闭藏，完守备，成列而后出，

兵车十七乘，尸而攻盗于北宫。（襄公十年）

“北×”常作中心语，共有27例，例如：

楚人坐其北门，而覆诸山下。（桓公十二年）
九月，子耳侵宋北鄙。（襄公十年）
癸丑，晨，自墓门之渎入，因马师颉介于襄库，以伐旧北门。（襄公三十年）

“北×”作主语的共有4例，例如：

北戎伐齐，齐侯使乞师于郑。（桓公六年）
初，北戎病齐，诸侯救之。（桓公十年）
范山言于楚子曰：“晋君少，不在诸侯，北方可图也。”（文公九年）

“北×”作定语，共有2例：

杞子自郑使告于秦，曰：“郑人使我掌其北门之管，若潜师以来，国可得也。”（僖公三十二年）
北燕伯款出奔齐。（昭公三年）

“北×”作谓语，仅有1例：

我先君共王，引领北望，日月以冀。（昭公七年）

此处“引领北望”为连谓结构。
“北×”作状语，共有3例，例如：

既献，臧孙命北面重席，新尊絜之。（襄公二十三年）

“北×”作兼语，仅有1例。
《左传》中“北×”的句法功能分布情况见下表：

形式	句法功能						
	宾语	中心语	主语	定语	谓语	状语	兼语
北×	37	27	4	2	1	3	1
比重	49.3%	36%	5.3%	2.7%	1.3%	4%	1.3%

(2)《世说新语》中“北×”的句法功能分布。
发展到《世说新语》时期，“北×”在句中充当主语的句法功能有了一

定的发展。

《世说新语》中“北×”作主语的有7例，例如：

在晋武帝坐，北窗作琉璃屏，实密似疏，奋有难色。(言语第二)

自中人以还，北人看书，如显处视月；南人学问，如牖中窥日。(文学第四)

其诗曰：“北阜烈烈，巨海混混；垒垒三坟，唯母与昆。”(术解第二十)

“北×”作宾语共有4例，例如：

郗司空在北府，桓宣武恶其居兵权。(捷悟第十一)

桓公入洛，过淮泗，践北境，与诸僚属登平乘楼，眺瞩中原。(轻诋第二十六)

“北×”作定语有2例：

和(峤)曰：“元裒如北夏门，拉㰁自欲坏，非一木所能支。”(任诞第二十三)

或以方谢仁祖不乃重者，桓大司马曰：“诸君莫轻道，仁祖企脚北窗下弹琵琶，故自有天际真人想。”(容止第十四)

《世说新语》中“北×”的句法功能分布情况见下表：

形式	句法功能		
	主语	宾语	定语
北×	7	4	2
比重	53.8%	30.8%	15.4%

可见，到了《世说新语》时期，“北×”无论在句法上还是在构成上都有了很大的变化。首先，句法功能分布上，《世说新语》中的“北×”以作主语为主，且出现了“北×”与方位词“下”组成方位短语的语言现象。

(四)“北”类合成方位词的句法功能分布

(1)《左传》中“北”类合成方位词的句法功能分布。

《左传》中“北”类合成方位词可以分为两种情况，一种是与“之”构成派生式合成方位词“之北”，这样的全书仅有1例：

楚子在公宫之北，吴人在其南。（定公四年）

另一种情况是多个方位词的复合式合成方位词的组合形式，这样的在全书中共有6例，其中“东西南北”有1例，“东北”有1例，“西北”有4例。

《左传》中“北”类合成方位词的句法功能分布情况见下表：

形式	句法功能			
	派生式合成方位词	复合式合成方位词		
	之北	西北	东北	东西南北
北	1	4	1	1
比重	14.3%	57.1%	14.3%	14.3%

（2）《世说新语》中“北”类合成方位词的句法功能分布。

发展到《世说新语》时期，“北”类合成方位词有了新的变化。《世说新语》中“北”类合成方位词仅有2例：

颇有嫉己者，于坐问张：“北方何物可贵?”（言语第二）

使反，曰：“其余无异，唯东北角如有人迹，而墙高非人所逾。”（惑溺第三十五）

可见，《世说新语》时期出现了合成方位词在句中作定语的情形，用“东北角”来表示东北方向上的更小区域，且出现了派生方位词“北方”在句中作主语。

本章我们选取《左传》和《世说新语》作为研究这一时期方位词演变的语料，通过对两部作品中“左”“右”“东”“西”“南”“北”的语义、句法功能进行全面的分析，得出了关于“左”“右”“东”“西”“南”“北”在先秦至魏晋南北朝时期演变的以下几个结论：

从语义的角度来看，我们将“左”“右”“东”“西”“南”“北”的语义分为两部分来讨论，“左”“右”均有两个参照物，除了自然参照物（太阳），还有一个相对参照物，而“东”“西”“南”“北”只有一个绝对参照物——自然参照物（太阳）。在计量统计后，我们发现，从共时的角度来看，“左”“右”的语义具有不对称性，语义类别有很大差异，而“东”“西”“南”“北”的语义类别大体上具有一致性，均表方位义；从历时的角度来看，从先秦至魏晋南北朝时期，“左”“右”的语义类别逐渐减少，在意义上由实指性转向偏重于引申义，“东”“西”“南”的语义从《左传》时期到《世说新语》时期没有发生很大变化，“北”的饰词性语义在这一时期有了双向性，谓词性语义逐渐衍生出“败逃”“卑下”等引申义。

从句法功能的角度来看，“左”“右”和“东”“西”“南”“北”的句法功能也有不对称性的特点。从历时的角度来看，从《左传》到《世说新语》，“左”“右”独用的情况逐渐减少，合用的比重增加；“东”“西”“南”的句法功能在单独作句法成分时的情况并没有发生很大变化，“北”的句法功能分布情况有了很大变化，“北”在句中作状语的情况增多，“北×”作主语的比重也大幅度增加；关于“东”“西”“南”“北”类合成方位词，这一时期新出现了“东”与“下”结合的情况，且出现了派生式合成方位词“东头”“西头”以及“北方”。

第二章　魏晋南北朝至晚唐五代“左”“右”“东”“西”“南”“北”的历时演变

方位词在晚唐五代时期基本发展成熟，不仅继承了魏晋南北朝以来的方位词的用法，而且出现了很多新的用法。这一章我们将对魏晋南北朝至晚唐五代时期的方位词“左”“右”“东”“西”“南”“北”进行全面的描写，我们考察依据的文献是魏晋南北朝时期的代表性文献《世说新语》和晚唐五代时期的代表性文献《祖堂集》。

第一节　“左”“右”的语义演变

一、“左”的语义演变

《祖堂集》时期“左”大多和“右”构成复合方位词“左右”来表示语义特征，“左”单独表达语义特征的仅有 11 例。具体的语义类别有以下几种：

“左”表左边，大多用于具体事物前后，如“左手”[①]“左臂”等，这样的在《祖堂集》中共有 10 例，例如：

在师左右三四年间，出家具戒，便证圣果。（卷第一·商那和修尊者）
师临迁化时，上堂升座，良久，展开左手。（卷第九·罗山和尚）
师指禅床左臂云：“这个师僧诵得。”（卷第十七·岑和尚）

“左”指向左，表示方向。表示这一语义类别的在《祖堂集》中仅有 1 例，且为使动用法，译为“使之左（右）”：

师曰：“莫道不会，设使会得，也只是左之右之。”（卷第五·云岩和尚）

《祖堂集》中“左”的语义分布情况见下表：

---

① 在先秦时期，特别是在甲骨文和金文中，多用“左”来指代“左手”，到了《祖堂集》时期，“左手”从“左”的语义中分化出来，意义更加明确，适应了汉语双音化的潮流。

参数	语义类别	
	左边	向左
数量	10	1
比重	90.9%	9.1%

相对于《世说新语》,《祖堂集》中“左”表示“左边”的比重超过90%，占绝对优势。“左”在先秦时期常用来指代某一事物，如指代“左手”“车左”等，到了《祖堂集》时期，“左”的指代意义逐渐消失，表示方位意义更加明确，从“左手”的用例中我们不难发现这一点。

二、“右”的语义演变

发展到《祖堂集》时期，“右”的语义类别有了明显的变化，主要有以下几类：

“右”表右边，多用于具体事物前，表示这类语义特征的有7例，例如：

至二十四年甲寅之岁，摩耶夫人于毗罗苑中游戏快乐，见婆罗树花可爱，举右手攀枝，菩萨从右胁而诞生。(卷第一·释迦牟尼佛)

师左臂有肉环，卧常右胁。(卷第十五·永泰和尚)

师指禅床右臂云：“这个师僧得闻。”(卷第十七·岑和尚)

“右”表向右，表示这类语义特征的在《祖堂集》中仅有1例：

师因勘刘铁磨，云：“见说有刘铁磨，莫便是不?”尼云：“什么处得这个消息来?”师云：“左转右转。”(卷第十八·紫胡和尚)

相对于《世说新语》,《祖堂集》中“右”的语义类别仅有“右边”及“向右”的方位义，方位延伸义“豪强”等语义逐渐消失。且“右”多用在身体部位名称前，具体表示身体部位的右边，由此可见这个时期人们对自身身体部位认知的加深。

三、“左右”合用的语义演变

发展到《祖堂集》时期，“左右”合用的语义类别相对于《世说新语》有了一定的变化,《祖堂集》中“左右”合用的语义类别有以下几种：

“左右”表示附近，周围。具有这类语义特征的“左右”在《祖堂集》中共有12例，例如：

禅师不离左右，咨禀玄宗。（卷第二十·瑞云寺和尚）
道信言下大悟，在师左右八九年间。（卷第二·僧璨）
在于左右一十二载，至景云二年，礼辞祖师。（卷第三·怀让和尚）

“左右”表示近侍、近臣。具有这类语义特征的“左右”在《祖堂集》中共有5例，例如：

侍郎便到潮州，问左右：“此间有何道德高行禅流?”（卷第五·大颠和尚）
则命左右以火验之。其火炽然，光明贯天，祥云覆地，而雨四花，异香气馥，火烬衣存。（卷第二·婆舍斯多尊者）
师谓左右曰：“此子非凡，吾灭度二十年中，大作佛事。”（卷第二·道信和尚）

《祖堂集》中“左右”合用的语义类别见下表：

参数	语义类别	
	附近、周围	近侍、近臣
数量	12	5
比重	70.6%	29.4%

由此可见，从《世说新语》到《祖堂集》时期，“左右”合用的语义类别逐渐向方位义靠拢，且方位延伸义“附近、周围”占绝对优势，在用例数量上是“近侍”义的2倍多。

第二节 “左”“右”的句法功能演变

一、“左”的句法功能演变

（一）“左”的句法功能分布

发展到《祖堂集》时期，“左”仍然主要以复合方位词“左右”的形式出现，《祖堂集》中“左”单独作句法成分的仅有13例。主要置于具体事物前作定语，这样的在《祖堂集》中共有8例，例如：

而举左手，攀其树枝，寻则灭度。（卷第二·僧伽难提尊者）

神光闻是语已，则取利刀自断左臂，置于师前。（卷第二·菩提达摩和尚）

师临迁化时上堂升座，良久展开左手。（卷第九·罗山和尚）

“左”在《祖堂集》中单独作谓语有1例：

师曰：“莫道体不得，设使体得，也只是左之右之。”（卷第五·云岩和尚）

“左”作状语有1例：

师云：“左转右转。”尼云：“莫颠倒。”师打之。（卷第十八·紫胡和尚）

“左”作中心语有1例：

寻以雪峰顺寂，闽王于城左二十里开鼓山，请师为众。（卷第十·鼓山和尚）

（二）“左×”的句法功能分布

《祖堂集》中“左”作单纯方位词大多以“左×”的形式出现。

“左×”在句中主要作宾语，共有4例，占全部“左×”形式的50%，例如：

便举左手拍其腹上而喝一声，象兵倒地，不复更起。（卷第二·婆修盘头尊者）

“左×”常作中心语，共有2例：

师左臂有肉环，卧常右胁。（卷第十五·永泰和尚）

师指禅床左臂云：“这个师僧诵得。”（卷第十七·岑和尚）

“左×”作定语有1例：

满月产下，其子左手常拳似执物。（卷第二·婆舍斯多尊者）

“左×”作主语有1例：

裴相书额，左承相护得兴撰碑文，净修禅师颂曰：马师道一，行全金石。

（卷第十四·马祖）

（三）“×左”的句法功能分布

《祖堂集》中“×左”在句中作定语有且仅有1例。

《祖堂集》中“左”“左×”“×左”的句法功能分布情况见下表：

形式	句法功能					
	主语	宾语	谓语	定语	状语	中心语
左	0	0	1	8	1	1
左×	1	4	0	1	0	2
×左	0	0	0	1	0	0

（四）“之左”“左边”的句法功能分布

此外，《祖堂集》中出现了合成方位词“之左”和“左边”两个用法，“之左”的仅有1例：

荼毗收灵骨坟于坚固大师塔之左。（卷第九·玄泰和尚）

单纯方位词“左”+后缀“边”的例句也有1例：

又就师乞偈子，师将纸画圆相，圆相中著某字。谨答左边：思而知之落第二头；右边：不思而知之落第三首。（卷第十八·仰山和尚）

可见，从《世说新语》到《祖堂集》，单纯方位词“左”独用的比重没有发生很大变化，都主要以“左右”的形式出现。《世说新语》中方位短语的使用率高；《祖堂集》中“左×”比重最大，方位短语出现的例子少。相对于《世说新语》，《祖堂集》中最大的变化就是出现了“之左”和“左边”两个合成方位词。

二、“右”的句法功能演变

发展到《祖堂集》时期，单纯方位词“右”大多以“右×”的形式出现。

“右×”在句中主要作宾语：

至二十四年甲寅之岁，摩耶夫人于毗罗苑中游戏快乐，见婆罗树花可爱，举右手攀枝，菩萨从右胁而诞生。（卷第一·释迦牟尼佛）

师僧退后，师又良久展开右手，主事又云：“西面黑。”（卷第九·罗山和尚）

“右×”作谓语的有1例：

其生自然胎裳，右袒仿若缁服。（卷第五·云岩和尚）

“右×”作中心语有1例：

师指禅床右臂云：“这个师僧得闻。”（卷第十七·岑和尚）

“右×”作状语有1例：

师云：“左转右转。”尼云：“莫颠倒。”师打之。（卷第十八·紫胡和尚）

“右×”作主语有1例：

即以五月一日右胁累足，示灭于崛山寺上房。（卷第十七·通晓大师）

此外，《祖堂集》中出现了合成方位词“右边”：

又就师乞偈子，师将纸画圆相，圆相中著某字。谨答左边：思而知之落第二头；右边：不思而知之落第三首。（卷第十八·仰山和尚）

可见，从《世说新语》到《祖堂集》，“右”的句法功能情况有了很大的变化。《祖堂集》中方位短语“×右”完全消失，“右×”形式占绝对优势，单纯方位词“右”越来越倾向于以“右×”的形式在句中充当句法成分。相对于《世说新语》，《祖堂集》中新出现了“右边”这一合成方位词。

三、“左右”合用的句法功能分布

发展到《祖堂集》时期，虽然“左右”合用的例子相对于《世说新语》有所减少，但句法功能没有发生很大变化。

《祖堂集》中“左右”合用主要作宾语，共有9例，例如：

禅师不离左右，咨禀玄宗。（卷第二十·瑞云寺和尚）

则命左右以火验之。其火炽然，光明贯天，祥云覆地，而雨四花，异香气馥，火烬衣存。（卷第二·婆舍斯多尊者）

惠可便顶礼，亲事九年，昼夜不离左右。（卷第二·菩提达摩和尚）

道吾闻此语，当夜便发，明朝到山下村院，得见师兄，说药山语了，相共转来药山，直到终，不离左右。（卷第四·药山和尚）

“左右”常作中心语，共有5例，例如：

道吾却问：“师兄离师左右，还得也无？”（卷第四·药山和尚）

后谘白云：“某甲离和尚左右，自看省路修行。唯愿和尚久住世间，广度群生，伏惟珍重。”（卷第十四·马祖和尚）

“左右”作主语有2例：

左右对曰：“有大颠和尚。”（卷第五·大颠和尚）

师乃顾示云：“左右人多，且去。”（卷第十四·马祖和尚）

《祖堂集》中“左右”合用的句法功能分布情况见下表：

形式	句法功能		
	宾语	中心语	主语
左右	9	5	2
比重	56.3%	31.3%	12.5%

可见，从《世说新语》到《祖堂集》，“左右”合用作宾语的例句仍然占最大比重。

第三节 “东”“西”“南”“北”的语义演变

一、“东”的语义演变

发展到《祖堂集》时期，“东”的语义类别没有发生变化。

《祖堂集》中“东”的语义类别主要是体词性语义“东边”，具有这类语义特征的“东”在《祖堂集》中共出现了99例，例如：

第二十七祖般若多罗尊者，东印土人。（卷第二·般若多罗尊者）

大化东都，禅林独秀，住花严寺。（卷第八·华严和尚）

东国慧目山和尚嗣章敬。（卷第十七·慧目山和尚）

“东”表示“向东、自东”等饰词性语义的共有15例，例如：

尔时达摩和尚泛海东来，经于三载。（卷第二・菩提达摩和尚）
师又才开门了，便东觑西觑。（卷第六・投子和尚）
随本国王子金义宗奉诏东归。（卷第十七・慧目山和尚）

“东”表谓词性语义“东行”的仅有1例：

百千徒众，日东者沧溟浩渺，岱北者巘崿齐攀。（卷第十二・后疏山和尚）

《祖堂集》中“东”的语义分布情况见下表：

参数	语义类别		
	体词性语义“东边”	饰词性语义“向东、自东”	谓词性语义“东行”
数量	99	15	1
比重	86.1%	13.0%	0.9%

从《世说新语》到《祖堂集》，“东”的语义类别并没有发生很大变化，体词性的语义“东边”仍然占绝对优势。

二、“西”的语义演变

发展到《祖堂集》时期，“西”的饰词性语义迅速发展。
《祖堂集》中体词性语义“西边”共有78例，例如：

即是佛初生西天竺国迦毗罗城净饭王宫，瑞应此土。（卷第一・释迦牟尼佛）
时有期城太守杨衍问师曰：“西国五天，师承为祖，未晓此意，其义云何?”（卷第二・菩提达摩和尚）
后闽王请住西院，奏紫衣，谥号本净大师、无尘之塔。（卷第九・南际和尚）

饰词性语义“向西、自西”在《祖堂集》中共出现了51例，例如：

问：“如何是西来意?”（卷第十・安国和尚）
僧曰：“既有祖师意，又用西来作什摩?”（卷第八・曹山和尚）

官云：“西来无意。”（卷第十五·大梅和尚）

《祖堂集》中“西”的语义分布情况见下表：

参数	语义类别	
	体词性语义“西边”	饰词性语义“向西、自西”
数量	78	51
比重	60.5%	39.5%

从《世说新语》到《祖堂集》时期，“西”作副词修饰动作行为时的饰词性语义由单向性的“向西”发展出了双向语义“自西”和“向西”。且“自西、从西边（来）”的语义发展迅速，在《祖堂集》中远超过“向西边（去）”的语义用例。

三、“南”的语义演变

发展到《祖堂集》时期，“南”的语义类别没有发生明显的变化。

《祖堂集》中“南”的语义类别仍然以体词性语义“南边”为主，具有这类语义特征的“南”共有79例，例如：

次第游行至南印土。（卷第二·婆舍斯多尊者）

石头和尚嗣吉州思和尚，在南岳。（卷第四·石头和尚）

师初至南台，师僧去看，转来向让和尚说：“昨来到和尚处问佛法，轻忽底后生来东石头上坐。”（卷第四·石头和尚）

饰词性语义“向南、自南”等在《祖堂集》中共有8例，例如：

遂辞师南行，得遇达摩，豁悟上乘。（卷第二·菩提达摩和尚）

北来君子便掴，南来君子云：“某甲行五常之礼，过在于何?”（卷第七·雪峰和尚）

师造黄梅，得旨南来。（卷第二·惠能和尚）

《祖堂集》中“南”的语义分布情况见下表：

参数	语义类别	
	体词性语义“南边”	饰词性语义“向南、自南”
数量	79	8
比重	90.8%	9.2%

从《世说新语》到《祖堂集》，体词性语义的比重关系与《世说新语》没有很大差别。这一时期“南”的语义仍以体词性语义为主。在语义类别上，“南”的饰词性语义由原来仅有“向南”的单向性语义发展出了“从南边（来）”等语义，至此，“南”的饰词性语义就有了双向性。

四、“北”的语义演变

发展到《祖堂集》时期，“北”的语义分布情况有了一定变化。

《祖堂集》中“北”主要表体词性语义“北方”，这样的有56例，例如：

道明敬仰之心辞行者，便回向北去。（卷第二·弘忍和尚）

太尉云：“非北禅，还有鉴者也无？”师云：“臣僧有幸得遇明君。”（卷第十一·睡龙和尚）

表饰词性语义“从北”的有3例，例如：

北来君子便掴，南来君子云：“某甲行五常之礼，过在于何？”（卷第七·雪峰和尚）

参数	语义类别	
	体词性语义“北方”	饰词性语义“从北”
数量	56	3
比重	94.9%	5.1%

可见，《祖堂集》时期“北”以表体词性语义为主，且占绝对优势，与先秦至魏晋南北朝时期相比，《祖堂集》时期“北”的语义类别仅有体词性和饰词性两类，且表饰词性语义时均为“从北”的情况。

第四节 “东”“西”“南”“北”的句法功能演变

一、“东”的句法功能演变

(一)“东”的句法功能分布

发展到《祖堂集》时期，单纯方位词“东”的句法功能发生了较大的变化。

《祖堂集》中“东”主要单独作定语，共有51例，例如：

因此自传心印，演化东都，定其宗旨，南能北秀。(卷第三·荷泽和尚)
受业于东都保唐满禅师下。(卷第六·投子和尚)
东寺和尚嗣马大师，在潭州。(卷第十五·东寺和尚)

“东”也常作状语，共有15例，例如：

尔时达摩和尚泛海东来，经于三载。(卷第二·菩提达摩和尚)
临行时谓众云:“吾虽西逝，理无东移。”(卷第五·道吾和尚)
东观西观了，便发去。(卷第十六·沩山和尚)

作中心语，共有7例，例如：

不经一月余日，则到黄梅县东冯母山。(卷第二·惠能和尚)

四祖曰:“汝会我义。汝善住矣。吾过江东。”便去至牛头山幽栖寺。(卷第三·牛头和尚)

遂于龙华寺东禅依师染剃，依年具戒，便诣雪峰，密契玄关。(卷第十·安国和尚)

也有作宾语的，共出现了4例：

又曰：“吾灭度后七十年末，有二菩萨从东而来，一在家菩萨，同出兴化，重修我伽蓝，再建我宗旨。”(卷第二·惠佳和尚)

师初至南台，师僧去看，转来向让和尚说:“昨来到和尚处问佛法、轻忽底后生来东石头上坐。”(卷第四·石头和尚)

他老宿云:“你莫栖东，正因中一字也无。”(卷第六·石霜和尚)

所以古人道：“拟将心意学玄宗，状似西行却向东。”(卷第九·九峰和尚)

作谓语仅出现了1例：

百千徒众，日东者沧溟浩渺，岱北者蜓儒齐攀。（卷第十二·后疏山和尚）

《祖堂集》中“东”的句法功能分布情况见下表：

形式	句法功能				
	定语	状语	中心语	宾语	谓语
东	51	15	7	4	1
比重	65.4%	19.2%	9.0%	5.1%	1.3%

可见，从《世说新语》到《祖堂集》时期，单纯方位词“东”单独作句法成分的句法功能种类没有发生变化，但在用例比重上有很大的变化。《世说新语》和《祖堂集》中“东”都主要作定语，但《祖堂集》中作定语的比重占绝对优势，可见在《祖堂集》时期，定中结构“东×”使用率很高。“东”单独作宾语的用例比重大幅度降低，这也与词语双音化导致的“东×”的迅速发展有密切的联系。

（二）“×东”的句法功能分布

发展到《祖堂集》时期，方位短语在数量上并没有取得一定的发展，《祖堂集》中方位短语“×东”仅有7例，例如：

道诚云：“我于蕲州黄梅县东冯母山礼拜第五祖弘忍大师，今现在彼山说法，门人一千余众，我于此处听受……”（卷第二·惠能和尚）

大和三年戊子岁六月三日顺世，春秋六十九，荼毗得舍利五千余粒，塔于郭东。（卷第十五·永泰和尚）

寺东有石如台，乃庵其上，时人号石头和尚焉。（卷第四·石头和尚）

“×东”在句中主要作宾语，有3例，作定语、状语、谓语、中心语各1例。

从《世说新语》到《祖堂集》时期，方位短语“×东”中的“×”的词性逐渐丰富。《祖堂集》之前，“×”只有名词词性，《祖堂集》中出现了谓词性词语作“×”的情况。

（三）“东×”的句法功能分布

发展到《祖堂集》时期，“东×”的用例比较多，“东×”整体在句中的句法功能有了很大的变化。

《祖堂集》中“东×”在句中主要作宾语，共有18例，例如：

僧曰：“既不是祖，又来东土作什摩？”（卷第九·大光和尚）

达摩观东土，五叶气相连。（卷第十一·云门和尚）

众人云集相随东门而出，云：“今日不好。”（卷第十七·普化和尚）

教被东土，代代相承，至今不绝。师既禀受，并有信衣，可赴京师设化。（卷第二·惠能）

“东×”也常作定语，这样的在《祖堂集》中有15例，例如：

第二十七祖般若多罗尊者，东印土人。（卷第二·般若多罗尊者）

师勘东国僧，问：“汝年多少？”（卷第四·药山和尚）

师云：“东湖水满也未？”（卷第十四·马祖和尚）

作主语有4例，例如：

僧云：“今日东风起。”（卷第十·长庆和尚）

师云：“东海有鲸鱼，斩头亦断脚，背上抽一骨，便是这个字。”（卷第八·疏山）

师云：“西山日出，东山月没。”（卷第十二·龙回和尚）

作中心语共有6例，例如：

因长庆在招庆时，法堂东角立次，云：“者里好置一个问。”（卷第十·安国和尚）

后止长沙东寺，大播洪规。（卷第十五·东寺和尚）

初住襄阳东岩，后居郭西小舍。（卷第十五·庞居士）

作状语有2例：

参彼盐官济安大师，大师问曰：“什摩处来？”答曰：“东国来。”（卷第十七·通晓大师）

师云：“东家作驴，西家作马。”（卷第十七·岑和尚）

《祖堂集》中“东×”的句法功能分布情况见下表：

形式	句法功能				
	宾语	定语	主语	中心语	状语
东×	18	15	4	6	2
比重	40%	33.3%	8.9%	13.3%	4.4%

此外，《祖堂集》时期出现了“东角”“东隅”等表示空间的方位词，均表示“东”方向上的角落，可见这一时期人们的空间认知能力有所提高，区域划分逐渐细化。相对于《世说新语》时期，《祖堂集》中出现了“东”后加双音节词的形式。

（四）“东”类合成方位词的句法功能分布

到了《祖堂集》时期，“东”类合成方位词获得了前所未有的发展。

派生式合成方位词“东”＋后缀“边/面/方”出现了11例。

其中，以“东边”居多，有9例，例如：

和尚领众去东边见石头。（卷第四·石头和尚）

师又过东边立。国师云：“这个是马师底，仁者作摩生？”（卷第十五·西堂和尚）

僧云：“莫是东边去摩？”（卷第十八·赵州和尚）

“东方”出现了1例：

大师曰：“实是东方菩萨。”（卷第十七·通晓大师）

“东面”也出现了1例：

师临迁化时上堂升座，良久展开左手。主事云：“东面黑。”（卷第九·罗山和尚）

“东”＋方位词根形成了复合式合成方位词，这样的例句有20例，由两部分构成。为反向对举式的方位词“东西”①，大多表“四方”，这样的例句在《祖堂集》中比较常见，共有16例。

① 关于“东西”的成词，徐时仪在《“东西”成词及词义演变考》一文中有详细的论述。他提出：“‘东’‘西’本为方位名词，由于常并列组成词组表示‘方向’，在人们心理的组块过程中，原来分立的‘东’‘西’变得互相依赖，原并列词组结构的较为清晰的理据性逐渐变得模糊，渐由并列词组凝固而词汇化为复合词。”

这种情况大多在句中作宾语，例如：

随风逐浪往东西，岂愁地迮与天低。（卷第四·丹霞和尚）
及至用时，是渠总不得知东西。（卷第八·曹山和尚）
师云：“不顾东西。”（卷第八·曹山和尚）

常作主语，有6例，例如：

父母沦亡，东西盘泊。（卷第二·般若多罗尊者）
竺土大仙心，东西密相付。（卷第四·石头和尚）
师云：“石牛水上卧，东西得自由。”（卷第九·黄山和尚）

作谓语有1例：

师曰：“你来去为阿谁？”对曰：“替渠东西。”（卷第四·药山和尚）

也有作定语的，有2例：

师曰：“不可口吃东西风也。”（卷第四·药山和尚）
东西四畔，并属你了也。（卷第十九·灵云和尚）

“东”类复合方位词也有方位词根“东”与“南”“北”结合构成方位词的情况，这样的共有4例，例如：

东南西北，各行七步。（卷第一·释迦牟尼佛）
卓然真气，南北东西。（卷第一·佛陀难提尊者）
四祖在双峰山告众曰：“吾来至此山时，于武德七年秋，于庐山顶上东北而望见此蕲州双峰山顶上有紫云如盖，下有白气横分六道。”（卷第三·牛头和尚）

综上，《祖堂集》中“东”类合成方位词的句法功能分布情况见下表：

形式	句法功能				
	派生式合成方位词			复合式合成方位词	
	东边	东方	东面	东西	东北/南
东	9	1	1	16	4
比重	29.0%	3.2%	3.2%	51.6%	12.9%

从《世说新语》到《祖堂集》时期，“东”类合成方位词发展迅速。派生式合成方位词由《世说新语》中的“东头”发展出了“东边/面”，且以“东边”最为常见。《祖堂集》时期派生式合成方位词逐渐成熟。复合式合成方位词在发展的过程中出现了“东西”这一反向对举的形式，在句中大多表“四方”，且“东西”在复合式合成方位词中所占比重最大，超过50%。

二、“西”的句法功能演变

（一）“西”的句法功能分布

发展到《祖堂集》时期，“西”主要单独作状语，共出现了51例。其中，“西”的语义具有双向性，表示“向西”时“西”多与“东”并举出现，例如：

化度云：“但起来东行西行。”（卷第十·镜清和尚）

东观西观了，便发去。（卷第十六·沩山和尚）

师有时云：“我若放你过，纵汝百般东道西道，口似悬河则得；我若不放你过，汝拟道个什摩？”（卷第十·长庆和尚）

“西”表示“从西边、自西”等语义时，多位于谓语“来”前，例如：

师曰：“如人在百丈井中，不假寸绳。出得此人，我则为答西来意。”（卷第十六·石霜和尚）

有人问盐官：“如何是西来意？”（卷第十五·大梅和尚）

有人问：“摩腾入汉，一藏分明；达摩西来，将何指示？”（卷第十一·保福和尚）

“西”在《祖堂集》中也常作定语，这样的有39例，例如：

第十四祖龙树尊者，西天竺人。（卷第一·龙树尊者）

师游西院了，归山次，问泯典座；“三世诸佛在什摩处？”（卷第七·雪峰和尚）

东国桐里和尚嗣西堂，师讳慧彻。（卷第十七·东国桐里和尚）

作宾语共有2例：

弟子下座曰：“此乖世礼事，不可也。师若然者，当应面西遥礼百丈为师，即是同道不异也。”（卷第十六·古灵和尚）

师与南泉向火次，南泉问师：“不用指东指西，本分事直下道将来。”（卷

第十四·杉山和尚）

作中心语有3例：

师初住浙西，已张法席。（卷第八·本仁和尚）

长庆三年癸丑岁，十二月二十一日，荼毗塔于城西。（卷第十五·汾州和尚）

初住襄阳东岩，后居郭西小舍。（卷第十五·庞居士）

《祖堂集》中“西”的句法功能分布情况见下表：

形式	句法功能			
	宾语	状语	定语	中心语
西	2	51	39	3
比重	2.1%	53.7%	41.1%	3.2%

从《世说新语》发展到《祖堂集》，“西”单独作句法成分的句法功能种类减少，单独作谓语的情况已消失，大多位于谓语前修饰动作行为。因此，《祖堂集》中“西”单独作状语发展迅速，并占据主导地位。

（二）“×西”的句法功能分布

方位短语“×西”在《祖堂集》中共出现了3例，在句中作宾语和定语。

（三）“西×”的句法功能分布

发展到《祖堂集》时期，“西×”形式更加常见。《祖堂集》中“西×”共出现了39例。

“西×”主要在句中作宾语，共有17例，例如：

后至西院大沩兴世，众中好事者十数人，往彼请而方转玄关。（卷第五·三平和尚）

雪岳陈田寺元寂禅师嗣西堂，在溟州，师讳道义，俗姓王氏，北汉郡人。（卷第十七·陈田寺元寂禅师）

师云：“我今日无心情，不能为汝说。汝去西堂，问取智藏。”（卷第十四·马祖）

东国实相和尚嗣西堂，师讳慧彻。（卷第十七·东国桐里和尚）

“西×”常作定语，共有13例，例如：

即是佛初生西天竺国迦毗罗城净饭王宫瑞应此土。（卷第一·释迦牟尼佛）

马师云：“待居士一口吸尽西江水，我则为你说。”（卷第十五·庞居士）

福州西院和尚嗣百丈，师讳大安。（卷第十七·西院和尚）

“西×”在句中作主语有5例，例如：

西禅竖起拂子，其僧不肯。（卷第七·雪峰和尚）

师云：“西山日出，东山月没。”（卷第十二·龙回和尚）

二日南门，三日西门，人众渐少，不信。（卷第十七·普化和尚）

“西×”作状语的有2例：

灭度后三年，魏使时有宋云西岭为使，却回逢见达摩手携只履，语宋云曰：“汝国天子已崩。”（卷第二·菩提达摩和尚）

师云：“东家作驴，西家作马。”（卷第十七·岑和尚）

“西×”作中心语有2例：

师曾在南阳白崖山修行四十徐年，上元二年正月十六日奉敕，肃宗皇帝徵诏赴上都，千福寺西禅院安置，后归光宅寺。（卷第三·慧忠国师）

年十三于洪州西山出家，年二十于嵩山受戒。（卷第六·石霜和尚）

《祖堂集》中“西×”的句法功能分布情况见下表：

形式	句法功能				
	宾语	定语	主语	状语	中心语
西×	17	13	5	2	2
比重	43.6%	33.3%	12.8%	5.1%	5.1%

可见，从《世说新语》到《祖堂集》时期，“西×”的句法功能有了很大的变化。在句法功能种类上，增加了“西×”作状语的用例；句法功能分布上，虽然仍以作宾语为主，但“西×”作定语的比重大幅度增加。“西×”在句中作定语的广泛使用使得句子复杂化，反映了句子的发展趋势。

（四）“西”类合成方位词的句法功能分布

(1)“西”类派生式合成方位词的句法功能分布。

发展到《祖堂集》时期，“西”类合成方位词迅速发展。《祖堂集》中“西”类合成方位词可分为两部分，一种是“西”与词缀“边/面/方”及“之”结合成词，这样的共有10例，其中“西方”2例，“西面”1例，“西边”6例，“之西”1例。

“西”在句中作宾语的有6例，例如：

曰：“有大圣人生于西方。”（卷第一·释迦牟尼佛）

赵州到庵，便礼拜，起来，从东边过，西边立，从西边过，东边立。（卷第十六·南泉和尚）

僧云：“莫是西边去摩？”婆云：“不是。”（卷第十八·赵州和尚）

师从东边而向堂中礼三拜，从西边进前云：“就和尚请纳衣。”（卷第十二·龙光和尚）

师从东边过西边立。（卷第十五·西堂和尚）

师在西边立，却向东边立。（卷第十八·仰山和尚）

作主语有2例：

西方有白虹十二道，通过此土，连夜不灭，当此之时，则佛入涅槃之祥应。（卷第一·释迦牟尼佛）

师僧退后，师又良久展开右手，主事又云：“西面黑。”（卷第九·罗山和尚）

作定语有1例：

师指西边露柱云：“这个师僧得闻。”僧云：“师还闻摩？”（卷第十七·岑和尚）

作中心语1例：

洞山乃疾追，蹑迹其后，至于佛地之西，有作务之所。（卷第五·云岩和尚）

《祖堂集》中“西”类派生式合成方位词的句法功能分布情况见下表：

形式	句法功能			
	宾语	主语	定语	中心语
西	6	2	1	1
比重	60%	20%	10%	10%

（2）“西”类复合式合成方位词的句法功能分布。

《祖堂集》中还出现了方位词根“西”和“东、南、北”结合构成复合方位词的情况。这一时期新出现了复合方位词“东西”，“东西”在《祖堂集》中共出现了16例。

“西”主要作宾语，例如：

肯与不肯，终不仰勒阇梨，一任东西。珍重。（卷第六·洞山和尚）

八十年来辩东西，如今不要白头公。（卷第十五·龟洋和尚）

汝初从父母胞胎中出，未识东西时本分事，汝试道一句来，吾要记汝。（卷第十九·香严和尚）

也常作主语，例如：

又上堂于时云：“大家识取混仑，莫识取劈破。竺土大仙心，东西密相付。是混仑？是劈破？”（卷第十三·福先招庆和尚）

东西不相顾，南北与谁留？（卷第十一·佛日和尚）

对曰：“日月东西，有什摩障碍？”（卷第十七·通晓大师）

除了反向对举式方位词“东西”，还出现了“西北”“东南西北”“南北东西”等复合方位词的形式（“东南西北”“南北东西”的用例在前文已有讨论，此处不再赘述）。复合方位词“西北”在《祖堂集》中共有4例，例如：

四神捧足逾城，西北而去。（卷第一·释迦牟尼佛）

则于城西北角留一马迹，令知腾空西北而去。（卷第一·释迦牟尼佛）

从《世说新语》发展到《祖堂集》，“西”类合成方位词获得了空前的发展。与《世说新语》相比，《祖堂集》中“西”类派生式合成方位词新生出了“西边”“之西”“西面”等形式，且“西边”的使用率最高，在句中主要作宾语。《左传》中“西面”表示“面向西”，不属于合成方位词，到了《祖堂集》时期，“西面”开始独立成词，表示“西边”。

三、“南”的句法功能演变

（一）“南”的句法功能分布

发展到《祖堂集》时期，单纯方位词“南”在句中仍以作定语为主。《祖堂集》中“南”主要单独作定语，共有38例，例如：

第二十六祖不如密多尊者，南印土国王太子，正名得胜。（卷第二·不如密多尊者）

达摩大师从南天竺国过海而来。（卷第二·菩提达摩和尚）

遍探岑壑，遂歇息于南台。（卷第四·石头和尚）

常作状语，共有8例，例如：

又经八载，忽于夜静见一神人而谓光曰：“当欲受果，何于此住，不南往乎而近于道？（卷第二·菩提达摩和尚）

放汝南行入大津，碧潭深处养金鳞。（卷第十五·伏牛和尚）

皇闻此说，未息疑情，遂震锡南行，直往曹溪礼见六祖。（卷第三·智策和尚）

单独作主语的有3例，且均和“北”对举出现：

南能北秀，自神会现杨（扬）。曹溪一枝，始芳宇宙。（卷第三·荷泽和尚）

却归举似云居，云居云：“南有雪峰，北有赵州。”（卷第六·投子和尚）

敕谥悟空禅师栖真之塔，真塔浩瀚非常，北有汾州，南有盐官矣。（卷第十五·盐官和尚）

作宾语有4例，例如：

师初入闽，参见灵云，便问：“行脚大事如何指南？”（卷第十·镜清和尚）

问：“师归丈室，将何指南？”（卷第十六·南泉和尚）

和尚好速向南去，在后大有人来趁和尚，待道明尽却指回。（卷第十八·仰山和尚）

作中心语共有4例，例如：

太子奉王教诏，即至城南。（卷第二·婆修盘头尊者）

果有毳侣自洪南而至，举洞山大师当世宗匠。（卷第八·云居和尚）

塔于城南，故廉使李公翱尽毁近城塔，唯留师塔，笔书曰：“独留此塔，以别贤愚。”（卷第十五·东寺和尚）

《祖堂集》中“南”的句法功能分布情况见下表：

形式	句法功能				
	定语	状语	主语	宾语	中心语
南	38	8	3	4	4
比重	66.7%	14.0%	5.3%	7.0%	7.0%

可见，从《左传》到《祖堂集》，“南”单独作定语的比重一直在上升。《祖堂集》中“南”单独作定语占据主导地位，且“南×”中“×”以无生名词为主，并出现了“南角”等表示具体方位意义的形式。

（二）“×南”的句法功能分布

发展到《祖堂集》时期，方位短语“×南”仍以作宾语为主。《祖堂集》中方位短语“×南”仅出现了4例，其中作宾语的有2例，作定语和状语的各1例。可见，相对于《世说新语》，《祖堂集》中方位短语的比重大幅度降低，用例减少，但出现了某一具体事物充当“×”的用例，如“石桥南”，体现了这一时期人们对方位区域划分逐渐细化的趋势。

（三）“南×”的句法功能分布

发展到《祖堂集》时期，“南×”在句中仍然以作宾语为主。

《祖堂集》中“南×”作宾语共出现了21例，例如：

年登己卯，得具尸罗，习四分于南山，听三车于中道。（卷第十一·云门和尚）

佛驮跋陀罗复有弟子名那连耶舍，于南天大化，后来此土东魏高欢鄴都，与五戒优婆塞万天懿译出《梵本尊胜经》一部。（卷第二·菩提达摩和尚）

师曰：“影隔贷明月，不挂指南纵。”（卷第九·韶山和尚）

作定语的共出现了10例，例如：

师讳居遁，俗姓郭，抚州南城人也。（卷第八·龙牙和尚）

对云：“南台江边。”沩山便喝出。（卷第九·罗山和尚）

大师云：“此去七百里有一禅师，呼为南岳石头。汝若到彼中，必有来由。”（卷第九·灵岩）

作主语共出现了4例：

师云：“今日南山大有人刈茅。”（卷第十六·沩山和尚）

有人问顺德：“只如沩山道：‘南山大有人刈茅’，意作摩生？”（卷第十六·沩山和尚）

全表持此因缘来举似师，师欢喜便上堂，告众曰：“南风吹来，饱鼻+句鼻+句底。任你横来竖来，十字纵横，也不怕你。”（卷第十九·径山和尚）

师示众曰：“南山有鳖鼻蛇，是你诸人好看取。”（卷第七·雪峰和尚）

作中心语有3例：

玄沙代云：“要那南山作什摩？”（卷第七·雪峰和尚）

二日南门，三日西门，人众渐少，不信。（卷第十七·普化和尚）

师云：“将谓是玉玺，元来只是天南角。”（卷第八·曹山和尚）

《祖堂集》中“南×”的句法功能分布情况见下表：

形式	句法功能			
	宾语	定语	主语	中心语
南×	21	10	4	3
比重	55.3%	26.3%	10.5%	7.9%

可见，发展到《祖堂集》时期，“南×”在句中作宾语仍然占据主导地位。这一时期，“南×”多分布在复杂句式中，用于明确表示某一地点或区域。《祖堂集》中“南×”出现了作定语的句法功能，且出现了“南角”这一定中短语。

（四）“南”类合成方位词的句法功能分布

（1）“南”类派生式合成方位词的句法功能分布。

发展到《祖堂集》时期，“南”类合成方位词出现的频率更高了。《祖堂集》中“南”类合成方位词共出现了31例，其中派生式合成方位词占绝对优势，共有21例。

其中“南方”在句中主要作宾语，有6例，例如：

问：“昔日觉城东际，象王回旋，今日闽领南方，如何提接？”（卷第十三·福先招庆和尚）

师问新到：“近离什摩处？”云：“近离南方。”（卷第十八·赵州和尚）

僧申问，师云：“又是也，又是也。”问：“学人去南方，忽然雪峰问赵州意，作摩生祇对？”（卷第十八·赵州和尚）

作主语的有5例，例如：

朕每咨求法，再三推辞，云：“南方有能和尚，受弘忍大师记，传达摩衣为信，顿悟上乘，明见佛性。今居韶州曹溪山，示悟众生，即心是佛。”（卷第二·惠能和尚）

南方有大圣，号曰慧能禅师，可往礼足为师。（卷第三·一宿觉和尚）

因举无著和尚到五台山，见文殊化寺，共吃茶次，文殊提起茶垸子云：“南方还有这个不？”（卷第十一·保福和尚）

作定语的也有5例，例如：

有南方禅客问：“如何是古佛心？”（卷第三·慧忠和尚）

南方佛性，身是无常，心性是常，所以半生灭半不生灭也。（卷第三·慧忠和尚）

师示众云：“我三十年前在南方火炉头，举无宾主话，直至如今无人道著。”（卷第十八·赵州和尚）

作状语的有1例：

僧到岩头，师问：“什摩处来？”云：“南方来。”（卷第七·岩头和尚）

还有1例作中心语：

曰：“师其南方必过奇人。”（卷第八·云居和尚）

《祖堂集》中也有“南面”① 的用例，但仅出现了1例：

而共常自在王言论次，有一使者乃奏王曰：“百万象兵至于南面。”（卷第二·婆修盘头尊者）

“之南”的用例在《祖堂集》中出现了2例：

大臣奏曰：“今在香山之北，雪山之南。二山中间有林，名日含夷。地沃丰饶，人民炽盛，百姓归之，犹如廛市。郁成大国，册立为王，名尼拘罗城。

---

① 我们认为，此时“南面”处于“面南”向“南面”的过渡时期，也是方位词“南面”最初出现的时期，我们暂且把它归入派生式合成方位词中。

古仙迦毗罗得道之处，因兹立城名也。”（卷第一・释迦牟尼佛）

湘之南，潭之北，中有黄金充一国。（卷第三・慧忠和尚）

（2）“南”类复合式合成方位词的句法功能分布。

复合式合成方位词在《祖堂集》中共出现10例，其中主要为反向对举式复合方位词“南北”。“南北”在《祖堂集》中共出现了8例，例如：

从秀和尚足下各分宗旨，南北有异。（卷第二・菩提达摩和尚）

对云：“人即有南北，佛性即无南北。”（卷第二・惠能和尚）

经游五顶，南北丛林，遍探宗师，推为匠伯。（卷第十一・惟劲禅师）

此外，《祖堂集》中还出现了“东南西北”和“南北东西”各一例。

综上，《祖堂集》中“南”类合成方位词的句法功能分布情况见下表：

形式	句法功能					
	派生式合成方位词			复合式合成方位词		
	南方	南面	之南	南北	东南西北	南北东西
南	18	1	2	8	1	1
比重	58.1%	3.2%	6.5%	25.8%	3.2%	3.2%

可见，《祖堂集》时期“南”类合成方位词的种类逐渐增加，数量也获得了大幅度的增长，同时相对于《左传》和《世说新语》时期，这一时期的“南”类合成方位词也有了很大的变化。首先，在比重关系上，派生式合成方位词的比重大大超过了复合式合成方位词，尤其是“南方”在句中的大量使用，推动了这一时期“南”类派生式合成方位词的发展；其次，《左传》和《世说新语》中并未出现反向对举式复合式合成方位词“南北”，《祖堂集》中新出现了方位词“南北”，且“南北”在“南”类复合式合成方位词中占绝对优势。

四、“北”的句法功能演变

（一）“北”的句法功能分布

发展到《祖堂集》时期，“北”单独作句法成分的句法功能有了明显的变化。《祖堂集》中“北”单独作句法成分的共有42例。

主要单独作定语，共21例，占50%，例如：

尔时，提多迦尊者曰：“佛在世时，至北天竺而谓阿难……”（卷第一·弥遮迦尊者）

初遇伽耶舍多，得法行化。时至北天……（卷第二·鸠摩罗多尊者）

师游北地，遇见五祖下智皇禅师一十年修定，师遂问：“在此间作什摩？”（卷第三·智策和尚）

常单独作宾语，共有8例，分为介宾和动宾两种情况，以介宾为主，在文中出现了6例，例如：

道明向众云：“大庾岭头、怀化镇，五六日寻候，兼问诸门津，并向北寻觅行者，言不见此色。”（卷第二·弘忍和尚）

此四童子敬王教敕，则领眷属面北而去。（卷第一·释迦牟尼佛）

道明向僧曰：“我在大庾岭头怀化镇左右，五六日等候，借访诸关津，并不见此色目人过，诸人却向北寻觅。”（卷第十八·仰山和尚）

“北”在动宾结构中共出现了2例：

神秀和尚从五祖下，傅一枝法在北，自为立宗旨也。（卷第二·达摩）

欲得安身免负物，向南看北正先陀。（卷第七·雪峰和尚）

“北”单独作中心语的共有6例，例如：

自契黄斥锋机，乃阐化于河北，提网峻速，示教幽深。（卷第十九·临济和尚）

至则不久〔在梁国十九日，便过江北。故言不久。〕（卷第二·达摩）

后游河北，返锡平阳。（卷第八·华严和尚）

“北”单独作状语的有3例：

南来君子问北来君子：“何姓第几？”（卷第七·雪峰和尚）

北来君子便掴，南来君子云：“某甲行五常之礼，过在于何？”（卷第七·雪峰和尚）

北来君子云：“某甲早是不著便。”（卷第七·雪峰和尚）

“北”单独作主语，共有3例，例如：

却归举似云居，云居云：“南有雪峰，北有赵州。”（卷第六·投子和尚）

敕谥悟空禅师栖真之塔，真塔浩瀚非常，北有汾州，南有盐官矣。（卷第十五·盐官和尚）

“北”单独作谓语的仅有1例：

百千徒众，日东者沧溟浩渺，岱北者蜓儒齐攀。（卷第十二·后疏山和尚）

综上，《祖堂集》中“北”的句法功能分布情况见下表：

形式	句法功能					
	定语	宾语	中心语	状语	主语	谓语
北	21	8	6	3	3	1
比重	50%	19.0%	14.3%	7.1%	7.1%	2.4%

可见，从《世说新语》发展到《祖堂集》时期，“北”仍然以单独作定语为主。“北”单独作状语在《左传》时期仅有表示“向北”的例句，在《世说新语》中表示“向北”语义的例句远超过表示“从北（来）”的例句，而发展到《祖堂集》时期则仅有表示“从北（来）”的情况。《祖堂集》中“北”单独作宾语的比重也显著提升，且介宾结构的例句远超过动宾结构，可见这个时期很多词的动词性意义逐渐减弱，虚化后成为介词，如“在”等。

（二）“×北”的句法功能分布

发展到《祖堂集》时期，“×北”中的“×”多由“江”“河”等单音节名词构成，但也出现了像“赵州”这样的双音节地点名词。《祖堂集》中“×北”主要在句中作宾语，例如：

达摩其年十月十九日，自知机不契，则潜过江北，入于魏邦。（卷第二·达摩）

也出现了“×北”整体在句中作主语的情形：

石桥南，赵州北，中有观音有弥勒。（卷第十八·赵州和尚）

可见，从《世说新语》到《祖堂集》时期，方位短语“×北”中的“×”由单音节名词逐渐发展出了双音节名词，体现了汉语发展的趋势。“×北”整体在句中的句法功能也有了变化，句法功能逐渐多样化。

（三）“北×”的句法功能分布

发展到《祖堂集》时期，“北×”在句中主要作宾语，《祖堂集》中

“北×”共出现了21例。

在句中作宾语的有14例，例如：

师在北地，有一禅师唯善塞灶，频频感得灶神现身，彼地敬重剧于佛像。（卷第三·破灶堕）

自摄衣访道，南来而造石霜普会门下一二年间，乃私于北塔栽植果木，麻衣草履，灰心尘面，志存于道。（卷第九·大光和尚）

赵州和尚嗣南泉，在北地。（卷第十八·赵州和尚）

作定语的有5例，例如：

第七祖婆须密尊者，北天竺国人也。（卷第一·婆须密尊者）

无气味者，缘北宗秀大师弟子普寂于京盛行，通其经教……（卷第二·达摩）

塔于北台之顶。（卷第十五·邓隐峰和尚）

作主语的仅有1例：

师云：“与摩则大众有望，北院何忧。虽然如此，犹虑恐人笑在。”（卷第十·长庆和尚）

作状语的也有1例：

第四日北门而出，更无一人随之，自辟瓦证土遂门而卒矣。（卷第十七·普化和尚）

《祖堂集》中“北×”的句法功能分布情况见下表：

形式	句法功能			
	宾语	定语	主语	状语
北×	14	5	1	1
比重	66.7%	23.8%	4.8%	4.8%

可见，《祖堂集》时期“北×”中的“×”大多为具体的事物，如“塔”“门”“院”“台”等。“北×”在句中主要作宾语和定语，且定语的成分逐渐复杂化。

（四）“北”类合成方位词的句法功能分布

发展到《祖堂集》时期，“北”类合成方位词获得了较大的发展。《祖堂集》中“北”类合成方位词大致可以分为两类：一种为派生式合成方位词，其中“之北”有3例，例如：

好游山水，院之北樵采而无径，师乃振锡而行。（卷第十五·龟洋和尚）

“北方”有2例，例如：

师示众云：“譬如世闻两个君子，一个君子从南方来，一个君子从北方来，广野之中相逢……”（卷第七·雪峰和尚）

另一种为复合式合成方位词，其中反向对举式合成方位词“南北”有8例，例如：

行者云：“人则有南北，佛性无南北。”（卷第二·弘忍和尚）
多有异行，南北礼为师，赐号知圣大师。（卷第十九·灵树和尚）
人根有利钝，道无南北祖。（卷第四·石头和尚）
问：“南北则不问，和尚足下事如何？”（卷第七·夹山和尚）

“西北”有2例，“东北”有2例，“东南西北”有1例，例如：

葬在磁州涂阳东北七十余里。（卷第二·菩提达摩和尚）

《祖堂集》中“北”类合成方位词的句法功能分布情况见下表：

形式	句法功能					
	派生式合成方位词		复合式合成方位词			
	之北	北方	南北	西北	东北	东南西北
北	3	2	8	2	2	1
比重	16.7%	11.1%	44.4%	11.1%	11.1%	5.6%

综上可知，《祖堂集》时期，“北”类合成方位词出现了反向对举式方位词“南北”，且在合成方位词中所占比重最大。这一时期“北”类合成方位词发展基本成熟，在句中的句法功能种类也逐渐增加。

本章我们通过对《祖堂集》中方位词“左”“右”“东”“西”“南”

“北”的语义、句法功能的讨论，得出了以下几个结论：

（1）从语义的历史发展来看，发展到《祖堂集》时期，“左”“右”的指代性语义逐渐消失，表示方位时意义更加明确，且多用于身体部位前，体现了这一时期人们对自身身体部位认知的加强；“左右”合用的语义也逐渐向方位义靠拢；“西”和“南”的饰词性语义有了双向性，且表“从西/南（走）”的情况逐渐超过了表“向西/南（走）”的情况。

（2）从句法功能的历时演变来看，这一时期“左/右×”形式占绝对优势，新出现了“之左”和“左/右边”等合成方位词；“东×”大量涌现，而“东”单独作宾语的比重逐渐降低，这与词语双音化影响下的“东×”的大幅度增加有密切关系，《祖堂集》时期出现了“东”后加双音节词的形式；“西”“南”“北”的句法功能情况也有了很大变化，“西”单独作状语、“南”单独作定语、“北”单独作宾语的比重都大幅度增加，体现了同一时期“东”“西”“南”“北”的句法功能发展的差异性；这一时期新出现了“东/西边”“东/西面”“东方”“南方”等派生式合成方位词及“东西”“南北”这两个复合式合成方位词，可见，合成方位词在这一时期基本成熟。

第三章　晚唐五代至宋代“左”“右”“东”“西”“南”“北”的历时演变

晚唐五代至宋代，随着汉语词汇的双音节化，方位词也取得了进一步发展，在语义上方位词的独立性逐渐减弱，在形式上方位词组合成分的双音节化现象比较常见，句法功能上也出现了很大的变化。因此，对这一时期的方位词进行考察对于我们探索整个方位词的演变史有着重要的意义。这一章我们将以宋代的代表性文献《三朝北盟会编》为依据，对这一时期的方位词“左”“右”“东”“西”“南”“北”进行全面的描写。

第一节　“左”“右”的语义演变

一、“左”的语义演变

发展到《三朝北盟会编》时期，“左”单独表示语义的比重逐渐减少。《三朝北盟会编》中“左”单独表达语义特征的共有7例，且均表示体词性语义“左边”，例如：

十一日早，贼兵先至，击左军，左军稍胜。(卷五十六)

左司员外郎宋齐愈自外至，问时雍举谁？(卷八十)

初不为水中战具也，以昨日之战，有旗头为官军斫断其左臂，尚能以手持小旗麾其下进战，久之，乃仆地死。(卷二百三十八)

可见，与《祖堂集》时期相比，《三朝北盟会编》时期“左”单独表达语义特征的用例逐渐减少，“左”的语义类别也趋向于单一化。《三朝北盟会编》中“左”仅有体词性语义“左边”这一个语义类别，且“左”的独立性逐渐减弱，对别的词语的依赖性增强。

二、“右”的语义演变

发展到《三朝北盟会编》时期，“右”多用于复合方位词“左右”中。《三朝北盟会编》中“右”单独表达语义的共有19例，“右”的语义主要可分为以下三类：

右边，具有这类语义特征的“右”共有12例，例如：

又舒右手作取物之状曰：“我今若取东京，如运臂取物，固手得之矣。”（卷五十七）

大使拜见，立左足跪右足，以两手着右肩为一拜，如汉仪。（卷七十四）

每一两以二十五人为左角，二十五人为右角，二十五人为前距，二十五人为后距，共四队，凡一车用百人。（卷八十五）

表示方位词“西”，具有这类语义特征的“右”共有6例，例如：

观其举措，甚有藏蓄，愿太师速营边备，移陕右兵助郭药师，以防金人不测入寇，不可忽也。（卷十九）

浚初领兵于陕右，妄行诛戮，而五路至于陷失。（卷二百二十四）

张浚失陕右，欲收系陕右士大夫心。（卷二百三十四）

表示“豪强”的仅有1例：

除剔缁蠹，节抑财用，以至惜名器、损侥幸、斥豪右，左右弥缝，庶乎其可也。（卷一百三十九）

《三朝北盟会编》中“右”的语义分布情况见下表：

参数	语义类别		
	右边	西	豪强
数量	12	6	1
比重	63.2%	31.6%	5.3%

相对于《祖堂集》时期，《三朝北盟会编》中“右”的语义类别新增加了方位义“西”，且表示这类语义的“右”多用于“陕”字后，相当于“陕西”。这一时期仍以“右边”为“右”字主要的语义类别，且“右”多与具

体的事物名结合形成“右×”结构，“右”的独立性减弱。

三、“左右”合用的语义演变

发展到《三朝北盟会编》时期，“左右”合用的语义类别没有发生很大变化。《三朝北盟会编》中“左右”合用的语义类别可以分为以下两类：

表示“近侍、近臣”，这样的共有16例，例如：

然当时已将上京掠到大辽乐工列于屋外，奏曲荐觞，彼左右亲近郎君辈玩押悦乐……（卷四）

粘罕云：“我家国中论事，不尚退左右，要得人共知。”（卷二十二）

亮闻喧，欲披衣出，则矢已及左右矣。（卷二百四十一）

上命左右开谕，因趋入，众兵犹追之不已。（卷七十）

表示“附近、周围”，这样的共有9例，例如：

唯呼延通忿忿有不平之意，虽备礼邀世忠至私宅，然未尝辄离左右。（卷二百一十二）

范琼、汪长源等领兵分列左右，自州桥及门下，森布如织。（卷八十三）

长入祗候王嗣在上左右，不知改易何语，但见上注思殚虑，轸动圣颜，至是始定。（卷七十一）

《三朝北盟会编》中“左右”合用的语义分布情况见下表：

参数	语义类别	
	近侍、近臣	附近、周围
数量	16	9
比重	64%	36%

可见，《三朝北盟会编》时期“左右”合用的语义类别仍以“近侍”和“附近”为主，但这一时期方位词引申义“近侍、近臣”的比重远超过“附近、周围”的比重。

第二节　“左”“右”的句法功能演变

一、“左”的句法功能演变

发展到《三朝北盟会编》时期，“左”单独作句法成分的比重逐渐减少。《三朝北盟会编》中“左”单独作句法成分的例句仅有7例，其中“左”多在句中作定语，如“左军”“左臂”等，这样的有6例，例如：

十一日早，贼兵先至，击左军，左军稍胜。（卷五十六）

“左”常与“右”一起在句中作状语，这样的仅有1例：

率诸酋至，各取所别箭一只，掷占远近，各随所占左右上马。（卷四十二）

《三朝北盟会编》中“左”的句法功能分布情况见下表：

形式	句法功能	
	定语	状语
左	6	1
比重	85.7%	14.3%

《三朝北盟会编》中方位短语“×左”仅有1例：

诸公云，王权申云，非敢退师，所以导虏深入，身当其冲，令邵宏渊出其右，李显忠出其左，夹攻之。（卷二百四十二）

《三朝北盟会编》中“左×”形式的共有6例，其中“左×”在句中以作宾语为主，有4例，例如：

左司员外郎宋齐愈自外至。（卷八十）

初不为水中战具也，以昨日之战，有旗头为官军斫断其左臂，尚能以手持小旗麾其下进战，久之乃仆地死。（卷二百三十八）

《三朝北盟会编》中还存在前缀“之”与方位词“左”结合构成合成方

位词的情形，这样的仅出现了1例：

闵屯于古将坛之左，闵受鄂州左军统制郝聂黄金三百两，以聂知襄阳府为京西安抚，自此人皆知闵为不足与成事功矣。（卷一百九十二）

可见，发展到《三朝北盟会编》时期，“左”类方位词在句中的句法功能种类明显减少，单纯方位词“左”仍以作定语为主，“左×”在句中仍以作宾语为主。相对于《祖堂集》，《三朝北盟会编》中单纯方位词的比重降低，合成方位词以“左右”合用为主，派生式合成方位词仅出现了“之左”一种情况。

二、“右”的句法功能演变

（一）“右”的句法功能分布

发展到《三朝北盟会编》时期，单纯方位词“右”的句法功能以作定语和中心语为主。《三朝北盟会编》中“右”在句中作定语的共有10例，例如：

又击右军，右军不胜，突入中军。（卷五十七）

右监军兀室曰：“河东已得太原，河北已得真定，两者乃两河领袖也……”（卷五十七）

作中心语的有10例，例如：

不贻陇右之羞，迄并睢阳之操。（卷五十七）

绍兴初，解试，令陕右流寓进士尽作合格，及类省试亦如此。（卷二百三十四）

（二）“×右”的句法功能分布

《三朝北盟会编》中方位短语“×右”共有10例，且“×右”在句中主要作宾语和定语，例如：

绍兴初，解试，令陕右流寓进士尽作合格，及类省试亦如此。（卷二百三十四）

诸公云，权非敢退，所以导虏深入，身当其冲，令邵宏渊出其右，李显忠出其左，夹攻之。（卷二百四十二）

岳为榜首，由是陕右流寓进士二十余人，皆过省。（卷二百三十四）

仅有1例作主语：

陕右陷没，岳避地入蜀，途中得举业时文一册，读之曰：“我平日习举业，实不及此。”（卷二百三十四）

（三）“右×”的句法功能分布

定中结构“右×”在《三朝北盟会编》中共有10例，其中“右×”在句中主要作宾语，这样的有7例，例如：

若水等过右帐下酒三行，劝一钟。（卷五十五）
国相谓履曰：“副使既知读书，何故作右官？”（卷五十五）

有3例在句中作定语，例如：

接见大使富谟，右副使李简。（卷十九）
张制置几中流矢，一已中张制置右伴使臣，张即驰马走去。（卷五十七）

综上所述，《三朝北盟会编》中“右”“×右”“右×”的句法功能分布情况见下表：

形式	句法功能			
	主语	宾语	中心语	定语
右	0	0	10	10
×右	1	4	0	5
右×	0	7	0	3

可见，相对于《祖堂集》，《三朝北盟会编》时期单纯方位词“右”的使用频率有所增加，方位短语“×右”的例句大量出现；但“右”字各类形式的句法功能种类明显减少，“右”在句中主要作定语和中心语，方位短语“×右”和定中结构“右×”在句中均主要作定语和宾语。

三、“左右”的句法功能演变

发展到《三朝北盟会编》时期，“左右”合用的情况更为常见，《三朝北盟会编》中“左右”合用的共有24例。

其中“左右”在句中主要作主语，共出现了9例，例如：

兼城坚粮多，加以大王据之，左右多西人，惯熟守御。（卷二十三）

左右有三四人，是汉儿进士及第者。(卷二十六)
左右劝公：“语言太峻，或有不测。”(卷九十一)
叶义问以知枢密院事来江上视军，乘大座船以使臣二人执器械立马间，左右见者无不笑。(卷二百三十八)

常作宾语，共有8例，例如：

自此每盏，并系汉儿宰相及左右亲近郎君跪进。(卷十五)
仆乞退左右而言之。(卷二十二)
望之云：“既是讲和，打城是甚意度?”斡离不顾左右笑。(卷二十九)

“左右”在句中作定语，共出现了2例：

次日，阿骨打委兀室、杨璞到馆，屏去左右议事。(卷十四)
又自僭位以来，左右诸儒，日进谄谀，教以宫室之壮，服御之美，妃嫔之盛，燕乐之侈，乘舆之贵，禁卫之严，礼义之尊，府库之限，以尽中国为君之道。(卷一百六十六)

作中心语的有2例：

汴京左右，约有四五十万。(卷二十六)
长入祗候王嗣在上左右，不知改易何语，但见上注思殚虑，轸动圣颜。(卷七十一)

作兼语的有3例：

命左右取到传与。(卷五十五)
上命左右开谕，因趋入，众兵犹追之不已，上复亲抚谕之。(卷七十)
粘罕微笑以手挥左右悉退去。(卷二十二)

《三朝北盟会编》中“左右”合用的句法功能分布情况见下表：

形式	句法功能				
	主语	宾语	定语	中心语	兼语
左右	9	8	2	2	3
比重	37.5%	33.3%	8.3%	8.3%	12.5%

可见，相对于《祖堂集》，《三朝北盟会编》中“左右”作主语的比重有

了大幅度提高，作宾语和中心语的比重降低，且出现了“左右”合用在句中作定语和兼语的情况。

第三节　“东”“西”“南”“北”的语义演变

一、“东”的语义演变

发展到《三朝北盟会编》时期，“东”的语义类别仍可分为三类：

《三朝北盟会编》中“东”主要表体词性语义“东边”，这样的共有82例，例如：

兀室猎居庸关之东，憩于山上。（卷一百九十七）

郭药师出常胜军屯于燕山之东白河，以待贼。金人至，战不利，药师以燕山降贼，涿易继叛。（卷二十四）

虏人呼作东军、西军。（卷四十五）

常表饰词性语义“向东”，置于谓语前。表示这类语义特征的“东”共有10例，例如：

以二百骑护送，东过铁州，遣人走马追及，别有事商量，请使副回相见。（卷四）

可求在府州由武朔东去云中，路近于交城，且仍皆坦途，别无关阻。（卷五十一）

探事使臣报牛车五十乘，自青城东出。（卷八十四）

表谓词性语义“东行”的共有3例，例如：

设若白河之战，药师苟能全胜，追贼而东，则西亦粘罕乘虚矣。（卷二十四）

《三朝北盟会编》中“东”的语义分布情况见下表：

参数	语义类别		
	体词性语义“东边”	饰词性语义“向东”	谓词性语义“东行”
数量	82	10	3
比重	86.3%	10.5%	3.2%

可见，到了《三朝北盟会编》时期，“东”的体词性语义仍占绝对优势，谓词性语义的比重有所提高。

二、“西”的语义演变

发展到《三朝北盟会编》时期，“西”的语义类别发生了一定变化。

《三朝北盟会编》中“西”表体词性语义“西边”的共有69例，例如：

由西偏门入，并马乘之，过五銮、宣政等殿，遂置酒于延和楼。（卷四十一）

又五拜，舞蹈如前。遂引所赍礼物、金器等，自西而东，于国主面前过却，引出第二重门外，面北立。（卷十五）

表饰词性语义的共有10例。

表示“向西”的有8例，例如：

西则居庸关为绝边，去燕山无百里之远，但闭关而已，更无他备。（卷二十四）

马扩自真定府狱中脱身，西走山寨，结集屯聚。（卷五十七）

延庆率众直西以进。（卷七十）

表示“自西、从西”语义的有2例：

自累战之败，多为金人掳之，不得西归乡里。（卷二十四）

陷贼燕云之人，奋力以谋西归。（卷二十四）

表谓词性语义“西行”的仅有1例。

《三朝北盟会编》中“西”的语义分布情况见下表：

<table>
<tr><td rowspan="3">参数</td><td colspan="4">语义类别</td></tr>
<tr><td rowspan="2">体词性语义“西边”</td><td colspan="2">饰词性语义</td><td rowspan="2">谓词性语义“西行”</td></tr>
<tr><td>向西</td><td>自西、从西</td></tr>
<tr><td>数量</td><td>69</td><td>8</td><td>2</td><td>1</td></tr>
<tr><td>比重</td><td>86.3%</td><td colspan="2">12.5%</td><td>1.3%</td></tr>
</table>

可见，《三朝北盟会编》中体词性语义占绝对优势，且出现了谓词性语义

“西行”。与《祖堂集》一样，《三朝北盟会编》中“西”的饰词性语义仍可分为“向西”和“自西”两类，但在《三朝北盟会编》中“向西”的比重远超过“自西”的比重，这一点与《祖堂集》中的情况正好相反。

三、“南”的语义功能演变

发展到《三朝北盟会编》时期，“南”的语义分布情况有了明显的变化。

《三朝北盟会编》中“南”主要表体词性语义“南边”，具有这类语义特征的“南”共出现了95例，例如：

阿骨打召某云：“闻南使会开弓，来日随我射一物如何?”（卷四十二）

次令南使上寿杯于国主及夫人。（卷四）

次见走马者数辈，皆夺到南军枪、鞍、马者。（卷八）

常用来表饰词性语义，具有这类语义特征的“南”在《三朝北盟会编》中出现了36例。

表语义“向南”的有29例，例如：

我已遣使副同尔家大使南去，想已到汴城。（卷十二）

次晚，南还到雄州，作语录入递待报。（卷十四）

万一常胜军有变，燕山失守，贼马乘之，定与太原长驱南渡，愿大王审度事机，速移司入真定府，与太原系邻路，足可相为应援。（卷二十三）

表语义“自南”的有7例，例如：

允如公说。若彼席卷南来，奈何?（卷十三）

仆曰：“彼方内顾，未暇南来。内忧既绝，然后逞志。某今所论，盖欲弭异时之患，乞公相深思之!”（卷十三）

十月间，河间府转运司牒怀州云：“金人聚兵南来，令怀州防御。人皆云：州去边境千里而远，岂能遽至此?”（卷六十一）

谓词性语义“南行”仅出现了3例，例如：

俟至城下，兵出尽死一战，或不胜，则拥兵而南，以俟救兵之至。（卷二十四）

《三朝北盟会编》中“南”的语义分布情况见下表：

<table>
<tr><td rowspan="3">参数</td><td colspan="4">语义类别</td></tr>
<tr><td rowspan="2">体词性语义“南边”</td><td colspan="2">饰词性语义</td><td rowspan="2">谓词性语义“南行”</td></tr>
<tr><td>向南</td><td>自南</td></tr>
<tr><td>数量</td><td>95</td><td>29</td><td>7</td><td>3</td></tr>
<tr><td>比重</td><td>70.9%</td><td>21.6%</td><td>5.2%</td><td>2.2%</td></tr>
</table>

可见，到了《三朝北盟会编》时期，表体词性语义的“南”仍占绝对优势，相对于《祖堂集》，《三朝北盟会编》中“南”的饰词性语义所占的比重显著提升，且表“向南”语义的比重远超过表“自南”的比重，《三朝北盟会编》中还出现了“南行”这一谓词性语义。

四、“北”的语义功能演变

发展到《三朝北盟会编》时期，“北”在句中的语义仍以体词性语义“北方”为主。

《三朝北盟会编》中“北”表体词性语义的共有67例，例如：

翌日，语京曰：“北事休做！祖宗誓盟，违之不祥。”（卷一）

允迪至高平，粘罕退过北关，太原城守未破也。（卷六十一）

范讷为河北、河东宣抚，赵野为北道总管，皆退屯南京。（卷八十五）

表饰词性语义的共有12例。

表“向北”的共有11例，例如：

宣和七年十一月，臣以经制平货职事至河间府，二十七日，据燕山府盐场官申金人拥重兵压坏盐场，臣即时发骑北去，十二月二日，出涿州，见知州葛逢，言金人已破檀州，或劝之还。（卷二十四）

或称候麦苗长大，可以喂牛马，方可北归，是未有去计。（卷八十一）

贼既得志去，官军随之北行。（卷一百三十二）

表“从北”的仅有1例：

昨日之战，王师北来耶？（卷八）

《三朝北盟会编》中“北”的语义分布情况见下表：

参数	语义类别		
	体词性语义	饰词性语义	
		向北	从北
数量	67	11	1
比重	84.8%	15.2%	

可见，相对于《祖堂集》时期，《三朝北盟会编》中“北”仍以表体词性语义为主，表饰词性语义“向北”的比重较大，且并未出现表谓词性语义的用例。

第四节　“东”“西”“南”“北”的句法功能演变

一、“东”的句法功能演变

（一）“东”的句法功能分布

发展到《三朝北盟会编》时期，“东”的句法功能发生了很大变化。

《三朝北盟会编》中单纯方位词“东”在句中主要作中心语，这样的共有34例，例如：

七日，郭药师、张令徽、刘舜仁领兵于白河东。（卷二十四）

十七日差往河东汾州，观河东访察使兼制置军马张灏军……（卷五十七）

如河东、陕西人皆欲报父母兄弟妻子之雠，此可用也。（卷五十七）

常作定语，共有22例，例如：

童贯呼仆谓曰：“良嗣昨有申到，语录与你所说不同，兼你系摘留使人，自合赴阙。本司已作奏状，可取东路驰去。”（卷十三）

少顷，同赴东府见枢密耿南仲、李棁等。琯告诸人如告李右丞说。（卷三十）

尽率军民，止守御得东城两壁，余两壁无人守御。（卷五十九）

“东”作状语在《三朝北盟会编》中共有8例，例如：

随共打围，自涞流河阿骨打所居止带，东行约五百余里，皆平坦草莽，

绝少居民。（卷四）

见一阵，适来已报同国妃直东走了，来日可以入燕城。（卷四）

时药师所统常胜军，复乃辽水之人，亦欲因贼东归乡里。（卷四十二）

阿骨打既死，粘罕专于军事，乃遣女真万户温敦郎君蒲鲁虎、赛里郎君契丹都统马五东寇居庸关，以应之。（卷二十四）

作宾语的有 3 例：

时雍率百官遽拜，张急回身，面东拱手以立。（卷八十四）

太子见其军不继，亦向东而遁，今且收拾军兵入城矣。（卷二十四）

至卫南之北，逢见金人伏兵接战，金人佯败，向东趋南华县。（卷八十五）

作谓语的有 2 例，例如：

设若白河之战，药师苟能全胜，追贼而东，则西亦粘罕乘虚矣。（卷二十四）

作主语的仅有 1 例：

自家濾只是少个主人，东也是吃饭，西也是吃饭。（卷七十九）

《三朝北盟会编》中“东”的句法功能分布情况见下表：

形式	句法功能					
	中心语	定语	状语	宾语	谓语	主语
东	34	22	8	3	2	1
比重	48.6%	31.4%	11.4%	4.3%	2.9%	1.4%

可见，相对于《祖堂集》时期，《三朝北盟会编》中单纯方位词“东”的句法功能有所增加，出现了“东”在句中单独作主语的情况；用例比重上，《三朝北盟会编》中“东”主要单独作中心语，改变了前代文献中“东”主要单独作定语的局面。

（二）“×东”的句法功能分布

发展到《三朝北盟会编》时期，方位短语“×东”大量出现。《三朝北盟会编》中方位短语“×东”共出现了 35 例，且在句中主要作定语。

“×东”在句中作定语的共有15例，例如：

孙翊，河东名将也，守朔有声，金人亦惮之。（卷二十五）

河东漕司岁计在此，只童贯平货场匹帛两纲一百六十万，皆被夺去。（卷五十九）

如河东、陕西人皆欲报父母兄弟妻子之雠，此可用也。（卷六十三）

是日，得报刘锜兵走至瓜洲，尽弃淮东之地。（卷二百四十二）

常作宾语，这样的在《三朝北盟会编》中共有11例，例如：

至太原之陷也，逾月之间，贼已南来，国家之力已困于河东矣，将士之气已沮于河东矣。（卷二十五）

贼又以炮石、鹅车之属进攻城东，自早攻至起更。（卷七十六）

九月间，敌以五万重兵出淮东，刘锜拒之于楚州青江口。（卷二百四十二）

“×东”在句中作主语的有4例，例如：

兼河东河北州城坚固，军民皆习战斗。（卷二十二）

今河东已得太原，河北已得真定，两者乃两河领袖也。（卷五十七）

士庶皆奔走，城东徙于城西，城西徙于城东，征行交互，莫知所适。（卷七十）

作同位语的共有3例：

二则忌河东河北两路坚城可守，卒不能攻。（卷二十三）

其二，幸我不急就措画，河北河东两路重兵，遮护根本。（卷二十三）

河东一带，惊疑人户跳避之路，宜速系之。（卷六十三）

作兼语的仅有1例：

某观河东路险，多关隘，人谙战斗，贼必不能长驱。（卷二十三）

作状语的也仅有1例：

先是，虞侯作天官属上殿，先论房异时南牧之计，必为五道，出蜀口，出荆襄，止以兵相持淮东。（卷二百四十二）

《三朝北盟会编》中“×东”的句法功能分布情况见下表：

形式	句法功能					
	定语	宾语	主语	同位语	兼语	状语
×东	15	11	4	3	1	1
比重	42.9%	31.4%	11.4%	8.6%	2.9%	2.9%

“×东”的句法功能种类在《三朝北盟会编》时期有了进一步发展，出现了同位语句和兼语句，且《祖堂集》中“×东”在句中主要作宾语，到了《三朝北盟会编》时期，“×东”作定语的例句大量出现，超过了作宾语的用例。

（三）“东×”的句法功能分布

发展到《三朝北盟会编》时期，“东×”的用例相对减少。《三朝北盟会编》中“东×”共出现了21例。

“东×”在句中主要作定语，这样的有9例，例如：

故药师出常胜军于燕山之东白河，以待贼。（卷二十四）

天祚意决，从之，兀室遣人护送归国，削封海滨王，置诸东海隅，逾年而死。（卷二十一）

大其功伐，皆不可取信，惟太平州及东采石之百姓所言者，不约而同。（卷一百九十四）

日午，有人驰报令徽先归，在东门之上，臣与靖等登南城望之，见兵马向西驰去，靖率监司议事于南门内，内有人建言，欲拥取敢战二千人，开城门而遁。（卷二十四）

常作宾语，这样的共有8例，例如：

靖犹未肯，吕颐浩曰：“昔广平王拜回纥于马首，请至东都如约，有此故事。”（卷二十四）

王权军于东采石相拒，知太平州王传者，殊不介意。（卷二百三十八）

虏呼东朝廷、西朝廷。（卷二十四）

作中心语的有3例，例如：

粘罕禁隐藏被虏亡者，犯人罪死，枢密院河间府为河北东路，真定府为河北西路，平阳府为河东南路，太原府为河东北路。（卷一百二十六）

且遣使驰传至东京，以防琼诈降为君，立散其众，除女真万户拔束为元

帅府左都监、龙虎卫大将军、河北东路兵马都督总管，河间府尹渤海万户大挞不也为元帅府右都监。(卷一百八十二)

作主语的仅有1例：

履曰：“东都尚未挟纩。”(卷五十五)

《三朝北盟会编》中“东×”的句法功能分布情况见下表：

形式	句法功能			
	定语	宾语	中心语	主语
东×	9	8	3	1
比重	42.9%	38.1%	14.3%	4.8%

可见，相对于《祖堂集》,《三朝北盟会编》中“东×”作定语的比重超过了作宾语的比重，且方位词“东”后加双音节成分的情况更为普遍。

(四)“东”类合成方位词的句法功能分布

发展到《三朝北盟会编》时期，“东”类合成方位词的使用情况发生了一定的变化。《三朝北盟会编》中“东”类合成方位词共有23例。

派生式合成方位词有6例，且均为前缀“之”加“东”的形式，“之东”均分布在具体的地名之后，例如：

事定之后，当于榆关之东，置榷场，六也。(卷四)

燕山之东，以韩城镇为界，东北以符家口为界。(卷二十四)

是役也，宏渊酒醉未醒，实不入阵，身在桥之东，以麾将士，遣三将在桥上占桥迎战。(卷二百三十六)

至青州，承御笔，据代州奏探报，阿骨打已到奉圣州(在云中府之东，乃唐新州，契丹改作奉圣州),仰赵良嗣、马扩送伴使人取代州路过界，前去奉使。(卷十)

《三朝北盟会编》中复合式合成方位词共出现了17例。

对举式复合方位词“东西”出现了4例，例如：

斡离不既得燕山，与粘罕分东西两路以入寇。(卷二十四)

臣与统制官张振等共议列马步军为阵，静以待之，分戈船为五：以其二

傍东西岸行；其一驻中流，载精兵一待战；其二藏小港中，以备不测。（卷二百三十八）

“东”与方位词根“南”“北”结合形成复合式合成方位词在句中充当句子成分的共有13例，且主要作宾语，共有6例：

遂出见，靖居前，监司次之，众官在后，望东北四拜，传金国皇帝令赦罪，又两拜讫。（卷二十四）

初药师之备金人也，严于东北，而弛于西，何哉？（卷二十四）

贼马遂退，离东北四里扎寨。（卷五十九）

韩城、符家去燕山皆四百余里，斡离不既寇东北，探骑溃军，络绎而来。（卷二十四）

又令于东北望大金拜降，霍安国云：“安国是大宋之臣，不曾得赵官家文字，如何拜降？”（卷六十一）

又禁卫单寡，兵权不在朝廷，与求上言：“仰惟陛下移跸东南，将图恢复之举，先务之急，宜莫如兵。”（卷一百五十）

常作定语，这样的有4例：

有东南路怨军将领董小丑，因差讨平利州贼坐逗遛不进，贼平被诛。（卷九）

闰月，被命帅师，始集东北民兵。（卷九十）

仲熊方往见霍安国，忽城上有人叫云：“东南上有白旗子来，是朝廷救兵。”（卷六十一）

望东北贼骑尘头稍大，余不敢返，遣价转语云：“东北有尘了，且亟行。”（卷五十七）

作中心语的有2例：

地居燕山东北一千七百里，乃《五代史》所载，契丹阿保机之西楼者是也。（卷一百八十四）

金国主亮驻于扬州之东南，督诸万户，渡江甚急，限来日不渡，尽行诛斩。（卷二百四十一）

作主语的仅有1例：

盖东北乃金人来路也。（卷二十四）

《三朝北盟会编》中“东”类合成方位词的句法功能分布情况见下表：

形式	句法功能		
	派生式合成方位词	复合式合成方位词	
	之东	东西	东＋北/南
东	6	4	13
比重	26.1%	17.4%	56.5%

可见，相对于《祖堂集》时期，《三朝北盟会编》中“东”类合成方位词仍以复合式合成方位词为主，但比重有了很大变化，《三朝北盟会编》中对举式复合方位词“东西”的比重大幅度下降，非对举式复合方位词的比重大幅度上升；派生式合成方位词的分布情况也发生了很大变化，相对于《祖堂集》，《三朝北盟会编》中并未出现“东”加后缀“边、面、头”等的派生式合成方位词。

此外，《三朝北盟会编》中还出现了多个方位词并列对举的情况，在句中作中心语：

今公营东西北，背皆逼林木，恐贼乘风声而来。(卷八)

“东”“西”“北”为三个方位词并列使用，表示三个具体的方位。

二、“西”的句法功能演变

(一)“西”的句法功能分布

发展到《三朝北盟会编》时期，“西”的句法功能分布情况有了很大的变化。《三朝北盟会编》中“西”主要单独作定语，这样的共有28例，例如：

东路之军，斡离不主之；西路之军，粘罕主之。(卷二十四)

至西县界三十里，问路，村人云：“官人不可从此行。番贼现执温泉县官员在一山顶饮酒，此去数十里。”(卷五十七)

又以武功大夫、防御使解潜为制置使，以种师中统西蕃人马，以许孝烈为前军统制。(卷六十一)

常作中心语，这样的有15例，例如：

贵国兵马去京西甚好，自今日议约既定，只是不可与契丹议讲和。(卷四十一)

河西家（谓夏国）累次上表，欲兴兵夹攻南朝。(卷八)

当初得西京时，攻围四十日，军人死伤无数不易得来，不若与河西家却煞得进奉。(卷十四)

作状语的共有10例，例如：

奏讫拜起，复位，引出帐南面西立。(卷十五)
不意贼西取居庸，一夕寇城，故预无警报而弛备焉设。(卷二十四)

作主语的仅有1例：

琼大呼曰："自家濂只是少个主人，东也是吃饭，西也是吃饭。譬如营里长行健儿，姓张的来管着是张司空；姓李的来管着是李司空。"(卷七十九)

《三朝北盟会编》中"西"的句法功能分布情况见下表：

形式	句法功能			
	定语	中心语	状语	主语
西	28	15	10	1
比重	51.9%	27.8%	18.5%	1.9%

可见，到了《三朝北盟会编》时期，单纯方位词"西"在句中作状语的比重大幅度降低。《三朝北盟会编》中"西"主要单独作定语，且出现了"西"单独作主语的用例。

(二)"×西"的句法功能分布

发展到《三朝北盟会编》时期，方位短语"×西"的用例增加。《三朝北盟会编》中"×西"共出现15例。

主要在句中作定语，这样的共有8例，例如：

赵良嗣辞讫虏酋，遣高庆裔来论，以宁术割系是近上大臣知国事，见充西路都统兼杀败夏国，到贵朝莫似寻常使人一般，请便依契丹旧例相待。(卷十四)
合门官引移帐西浮幕下少立，一衣紫系犀带者，认是汉儿宰相左企弓。(卷十五)
粘罕自太原东之平定，斡离不自真定西之平定，以议再寇京阙。(卷五十七)

常作宾语，共有7例，例如：

余驰入城，遣价于城西探。（卷五十一）

到城西，问来往军民曾见林经略否，云：“著白布衣，恰自此擦城下去矣。”（卷五十九）

有得脱者，悉走京西，聚为盗贼。（卷七十）

可见，到了《三朝北盟会编》时期，“×西”的句法功能并没有发生很大变化，仍以作定语和宾语为主，且“×”的双音化趋势比较明显。

（三）“西×”的句法功能分布

发展到《三朝北盟会编》时期，“西×”在句中主要作定语。

《三朝北盟会编》中“西×”在句中作定语的共有 12 例，例如：

西角楼下有百姓二人，欲邀拦上皇，不及，俄见燕王行马，二百姓邀之曰：“大王家的亲人都去，奈何一城生灵？不如留一人以存国祚。”（卷七十九）

至西府门佯为昏愦，欲仆，立马，少苏，复号泣。（卷八十四）

作宾语的共有 7 例，例如：

余至西门，统制官已出。（卷五十九）

一日发递八次，第一递报金人已犯采石，不言东采石、西采石。（卷二百三十八）

兼城坚粮多，加以大王据之，左右多西人，惯熟守御。（卷二十三）

作中心语的共有 6 例，例如：

右通直郎、知吉州庐陵县叶行已，保义郎、新提点广南西路纲马驿程徐格，为干办公事。（卷二百三十六）

邦昌步入，自宣德门由大庆殿至文德殿进辇，却弗御，步升殿，于御床西侧，别置一椅，坐受官员等贺讫。（卷八十四）

作主语的有 3 例：

又云：“国家挫威，皆自延庆之遁，倘当时再起种师道，提许多西兵举事，却不至如此误国家大事。”（卷十九）

万一宣抚司申取朝廷降一讨荡指挥，少俟西军毕集，恐非燕民之福。（卷六）

若自守，与贵朝为邻，甚无害；若是与夏国时，恐西人出没，常为边患。（卷十五）

《三朝北盟会编》中“西×”的句法功能分布情况见下表：

形式	句法功能			
	定语	宾语	中心语	主语
西×	12	7	6	3
比重	42.9%	25%	21.4%	10.7%

由此可见，《三朝北盟会编》中“西×”作定语的比重大幅度上升，超过了作宾语的比重，作中心语的比重也有了一定提升，相对于《祖堂集》，《三朝北盟会编》中并未出现“西×”作状语的情况。

（三）“西”类合成方位词的句法功能分布

发展到《三朝北盟会编》时期，“西”类合成方位词仍可分为两类：

《三朝北盟会编》中派生式合成方位词共出现了4例：

因秋成，遂来傍边，阿骨打屯奉圣州之东，粘罕、兀室屯应州之南，昳术割、娄宿屯洪州之西，牧马休兵，请议于朝廷。（卷四十四）

自西方用兵，禁旅减耗，近差郊祀……（卷一）

民云：“城西方且厮杀，何故官人来此？”（卷五十七）

公见西边争占形势，虽一城一堡，必力战取之。（卷十四）

复合式合成方位词共有12例。

反向对举式复合方位词“东西”有4例，例如：

分戈船为五：以其二傍东西岸行，东护岸西拒贼船；其一驻中流，载精兵待战；其二藏小港中，以待不测。（卷二百二十六）

父子夫妇不相保守，至有全家自缢自杀者，又有由东西角门而入旧城者。（卷七十）

方位词“西”与方位词根“南”“北”结合成词的有8例，且复合式合成方位词在句中主要作宾语，这样的有3例，例如：

今燕京既已割还，西京却在西南。（卷十四）

始发一队，自西南来，相继不绝而至。（卷五十七）

作中心语的有2例：

是日，良嗣至军前，于城西南一废寺中安泊。(卷十三)

仆料虏人之意，西京已在其西南数千里，彼必不能守，将必归我，姑少迟之。(卷十四)

作宾语的有2例：

五，西京西北军未定，兼赏军银绢二十万，在涿州未交。(卷十五)

且如马，国家下川陕两路，以茶彩博买西南夷及西番马，岁不过一二千。(卷二十九)

作主语的仅有1例：

是夜，西北赤色如血，至三更方散。(卷五十一)

《三朝北盟会编》中“西”类合成方位词的句法功能分布情况见下表：

形式	句法功能				
	派生式合成方位词			复合式合成方位词	
	之西	西方	西边	东西	西+北/南
西	1	2	1	4	8
比重	6.3%	12.5%	6.3%	25%	50%

可见，相对于《祖堂集》，《三朝北盟会编》中“西”类合成方位词仍以复合式合成方位词为主，但反向对举式复合方位词“东西”的比重下降；派生式合成方位词中“西边”的比重也有所下降。

三、“南”的句法功能演变

(一)“南”的句法功能分布

发展到《三朝北盟会编》时期，单纯方位词“南”在句中仍以作定语为主。

《三朝北盟会编》中“南”单独作定语的共有54例，例如：

西京管下，惟恐妨收捉阿适道路，所有蔚、应、朔三州，最近于南界，将来举兵欲先取此三州，其余西京、归化、奉圣等州，俟拿了阿适回日，然后交割，四也。(卷四)

介儒云：“四军大王在白沟，令勒留南使。”(卷八)

作状语的有36例，例如：

粘罕之妻箫氏，乃辽主天祚元妃，各因间可入内外，劝贼南寇，阴报朝廷助兵攻辽之隙，乃四来番汉，乌合之众，蚁聚蜂起，纷纭未制。（卷二十四）

又明年十一月回，具言虏必南牧，盖已授甲造船，必为南渡之计，申言前论对之语。（卷二百四十二）

作中心语的有14例，例如：

兀术请于粘罕及窝里嗢，乞提兵寇江南。（卷一百三十二）

于是下诏挞懒、兀术、挞不也提兵，以寇江南为名，之东京，废豫为蜀王。又遣撒离喝、拔束提兵，以寇川为名，之长安，擒豫弟益。（卷一百八十二）

作宾语的共有3例：

且如近有燕京职官赵温讯、李处能、王硕儒、韩昉越境来南，张轸带了本朝银牌走过南界，须先以见还，是数人皆契丹所指名，故金人必索之。（卷十五）

万户一人直入，即其帐中杀之，兼帐中侍寝妃五人，并杀梁大使、郭副留、马韩哥、李参正四人，皆为虏谋来南者，尽焚其尸。（卷二百四十二）

吴孝民云：“皇子郎君到赵州路上，截得今上皇帝即位赦书，以手加额。既是上皇禅位，无可得争，却与他讲和休。如今来南，只似买卖也。”（卷二十八）

作谓语的也有3例，例如：

官吏、军民争万胜门出者，无路可行，悉循城而南，聚于琼林苑中，不啻十数万。（卷七十）

泗州者，乃江南之门户，若从此而南，州县必张皇矣。（卷一百九十九）

《三朝北盟会编》中“南”的句法功能分布情况见下表：

形式	句法功能				
	定语	状语	中心语	宾语	谓语
南	54	36	14	3	3
比重	49.1%	32.7%	12.7%	2.7%	2.7%

《三朝北盟会编》中“南”的句法功能仍以作定语为主，且“南”在句中单独作状语的比重大幅度上升，“南”后的谓语也更加丰富，如“走、侵、

归、寇”等；相对于《祖堂集》，这一时期出现了“南”单独作谓语的用例，且“南”多分布在“而”之后。

(二)“×南”的句法功能发布

发展到《三朝北盟会编》时期，方位短语“×南”以“江南”最为常见。

《三朝北盟会编》中方位短语“×南”在句中主要作宾语，这样的共有8例，例如：

后亦到江南，依世忠。(卷二百十八)
奏讫拜起，复位，引出帐南面西立。(卷十五)

常作定语，这样的共有5例，例如：

又射了欲射，已而问曰：“你是江南人？是自家人?”(卷二百四十二)
既而连亘数十里，驻足不动，遂成江南壁立万仞之势。(卷二百三十八)

作主语的有2例：

时，京南有彦旧部曲，闻彦死，请于安抚使薛弼。(卷一百九十八)
是时，江南俱不见虏人饮马于江滨，方疑之。(卷二百四十一)

《三朝北盟会编》中“×南”的句法功能分布情况见下表：

形式	句法功能		
	宾语	定语	主语
×南	8	5	2
比重	53.3%	33.3%	13.3%

相对于《祖堂集》时期，《三朝北盟会编》中方位短语“×南”的例句增加，句法功能仍以作宾语为主，但新增加了在句中作主语的情况，且“×”大多为区域面积比较大的地区。

(三)“南×”的句法功能分布

发展到《三朝北盟会编》时期，“南×”形式更为常见。《三朝北盟会编》中“南×”共出现了54例。

“南×”主要作宾语，这样的共有22例，例如：

虑家计寨难取，乃分兵由胡谷寨入焉，谓其徒兀室、余睹曰：“今日至代州，与南军必有数战，不无劳力，其余可乘胜破矣。”（卷二十三）

少顷，使臣报漕司吏卒约一二百人直叩南门欲出，靖亟令臣使持刃止之曰：“敢有纷拏而出者斩。”（卷二十四）

“南×”常作主语，共有14例，例如：

是晚，粘罕言见皇帝，说：“射得煞好，南使射中，和我心上快活。”（卷四）

他日南师入境，愿先开门以献。（卷六）

国王曰：“南岸已无一人，你来日须去到汴京。”（卷二十七）

“南×”作定语的有8例，例如：

我心下亦喜，南家故地，教他收了。（卷十二）

一乞委逐州各招忠勇敢战人，择官统率，互相应援，将归朝人有武勇者，激劝编之行伍，使为前锋，将其家小移近以南州军，厚加给恤。（卷二十三）

“南×”作中心语的有5例，例如：

粘罕云：“你说得也煞好，只是你南家说话多梢空。你使副只今便辞，我专遣人使就宣抚司商议大事去也。”（卷二十二）

齐愈因记金人先已有文字云：“请举军前南官。”（卷七十六）

“南×”作兼语的也有5例，例如：

出猎既还，乃令诸郎君家各具酒肴，请南使赴饮十余日，始造国书。（卷四）

时适经元日，隔夕令大迪乌具车仗召南使赴宴，凌晨出馆赴帐前。（卷四）

宴毕，令南使往粘罕家议事毕，遣使随马政来。（卷四）

《三朝北盟会编》中“南×”的句法功能分布情况见下表：

形式	句法功能				
	宾语	主语	定语	中心语	兼语
南×	22	14	8	5	5
比重	40.7%	25.9%	14.8%	9.3%	9.3%

从《祖堂集》到《三朝北盟会编》，“南×”的句法功能均以作宾语为主，而《三朝北盟会编》中“南×”作宾语的比重有所下降。这一时期“南×”在句中作主语的比重大幅度增加，且多用于对话中。此外，《三朝北盟会编》中出现了“南×”在句中作兼语的情况。

（四）“南”类合成方位词的句法功能分布

发展到《三朝北盟会编》时期，“南”类合成方位词仍由派生式合成方位词和复合式合成方位词两部分组成。

《三朝北盟会编》中派生式合成方位词共有8例。

其中“之南”有6例，例如：

对以将来举军之后，南兵不得过松亭、古北、榆关之南，免致两军相见，不测纷争，此最大事一也。（卷四）

粘罕从其说，遣庆裔自云中由燕山、河间越旧河之南，首至豫所隶景州。（卷一百四十一）

“南方”有1例：

二十三日，斡离不至庆源府，忽见南方尘起甚高。（卷二十六）

“南边”有1例：

为探赜南边防虚实，遂条具利害，乞急发逐处军马上边过，……（卷二十二）

复合式合成方位词共有14例。

反向对举式复合方位词“南北”有4例，例如：

四军令大石林牙来相见云：“南北通好百年，何为举兵侵夺地土？”（卷八）

庆曰：“南北天气，如此之异。”庆曰：“适来使副见国相所议如何？”（卷五十五）

方位词“南”与“东”“西”结合成复合式合成方位词的共有10例，其中“东南”有4例，“西南”有6例，且在句中主要作宾语，这样的例句有4例，例如：

由西南趋温泉县，宵行七十五里。（卷五十七）
仰惟陛下移跸东南，将图恢复之举，先务之急，宜莫如兵。（卷一百五十）

作定语的有3例，例如：

有东南路怨军将领董小丑，因差讨平利州贼坐逗遛不进，贼平被诛。（卷九）

作中心语的也有3例，例如：

是日，良嗣至军前，于城西南一废寺中安泊。（卷十三）

《三朝北盟会编》中“南”类合成方位词的句法功能分布情况见下表：

形式	句法功能				
	派生式合成方位词			复合式合成方位词	
	之南	南方	南边	南北	东/西+南
南	6	1	1	4	10
比重	27.3%	4.5%	4.5%	18.2%	45.5%

可见，《三朝北盟会编》中首次出现了“南边”的用法，“南方”使用率大幅度降低；复合式合成方位词中“南北”的比重有所下降，以“东/西+南”为主。《三朝北盟会编》中并未出现四个方位词根结合成词的情况。

四、“北”的句法功能演变

（一）“北”的句法功能分布

发展到《三朝北盟会编》时期，“北”在句中主要作定语。

《三朝北盟会编》中“北”单独作定语的有26例，例如：

今白沟北岸下寨结草，人相间夜饮昼睡，马亦散放。（卷六）
国家乘时复燕，要在因险固而用燕人，永为北塞藩篱。（卷八）

作中心语的有12例，例如：

臣于八日午后到采石，见江北虏兵甚厚，极目望上下二三十里不绝，鼓声震地。（卷二百三十八）

乙巳，拥众临城，先持弓弩、持枪牌攻城北、城东，规乃遣人出城纵火，佛舍与民居焚烧殆尽，恐藏贼。（卷七十六）

作宾语的有5例，均为“面北立”，“面北”在句中作状语。例如：

面北立，合门官传国书入。（卷十五）

五盏讫，乐官以下共赐绢四百二十匹，再引帐前面，面北立。（卷十五）

“北”作状语的例句在《三朝北盟会编》中共出现了12例，例如：

北行至金水河西，皆范琼及左言兵。（卷八十四）

知博州孙振领兵至中路，闻泽败绩，亲兵惧与金人接战，且怀乡土，乃杀振取军实，散而北归。（卷七十六）

今闻大臣之在贼中者，日久分深，承其付讬，而二圣、二后、东宫诸王，北渡大河，五内殒裂，不如无生。（卷九十）

《三朝北盟会编》中“北”的句法功能分布情况见下表：

形式	句法功能				
	定语	中心语	宾语	状语	
				向北	从北
北	26	12	5	11	1
比重	47.3%	21.8%	9.1%	20%	18.2%

可见，相对于《祖堂集》，《三朝北盟会编》中“北”的句法功能种类有所减少，没有出现“北”在句中作主语和谓语的用例；在比重关系上，这个时期“北”的句法功能仍以作定语为主，作状语的比重大幅度增加，作宾语的比重减少。

（二）“×北”的句法功能分布

发展到《三朝北盟会编》时期，方位短语“×北”的句法功能有了一定变化。《三朝北盟会编》中方位短语“×北”共出现了11例。

“×北”主要在句中作宾语，这样的有6例，例如：

邦昌云：“适得何灌奏，言金人已到城北。朝廷且遣使人出来劳军，却恐有商量。”（卷二十八）

朝廷检视图册，不载杨林去处，莫知杨林在江南江北，朝市无不惊忧者。（卷二百三十八）

“×北”常作定语，这样的有4例，例如：

燕地客人合归北朝，如郭药师常胜军多是燕北人，药师亦是铁州人。（卷十四）

是时，江北虏兵甚厚，极目望上下流二三十里不绝，鼓声震地。（卷二百三十八）

“×北”在句中作中心语的仅有1例：

是日折宣抚往河阳县城北……（卷六十三）

《三朝北盟会编》中“×北”的句法功能分布情况见下表：

形式	句法功能		
	宾语	定语	中心语
×北	6	4	1
比重	54.5%	36.4%	9.1%

与《祖堂集》相比，《三朝北盟会编》中方位短语“×北”仍以作宾语为主，常作定语，出现了“×北”在句中作中心语的情况。

（三）“北×”的句法功能分布

发展到《三朝北盟会编》时期，“北×”在句中主要作定语。

《三朝北盟会编》中“北×”在句中作定语的共有11例，例如：

贼马已至北城下，有一人携一卷文字，立濠根叫云：“打话。”（卷五十九）

虏至辰时以来，出再鼓，公举旗挥出海船五之二，分其半向北岸上流，直下杨林河口，诸将或问：“公何故？”（卷一百二十六）

作中心语的有7例，例如：

燕地乃中国北户。自祖宗以来，有志恢复。（卷十三）
上不悦，赏赉有差，因登城北壁而还。（卷五十八）
又去城北道风楼上寻霍安国，亦不见，盖已为金人所擒。（卷六十一）

作宾语的有4例，例如：

山后土地，窃缘相国暂归北中，不敢专擅。（卷十九）
霍安国急令仲熊排人马，欲开北门。（卷六十一）
如河口未有船出，即以克敌神臂弓射北岸。（卷二百四十二）

作主语的也有4例，例如：

北门火，则乞措置保全宗庙七世神主。（卷八十四）
虞侯即跃马至岸口，见北岸一高台。（卷二百四十二）

《三朝北盟会编》中“北×”的句法功能分布情况见下表：

形式	句法功能			
	定语	中心语	宾语	主语
北×	11	7	4	4
比重	42.3%	26.9%	15.4%	15.4%

可见，从《祖堂集》到《三朝北盟会编》，“北×”的句法功能由主要作宾语变为主要作定语。这一时期出现了大量“北×”与方位词“上”结合成方位短语的情况，表明了这一时期的语言已经逐渐接近现代汉语口语。《三朝北盟会编》中出现了一些“北×”在句中作中心语的情况。“北×”一般分布在具体的地名后，表示具体地点。

（四）“北”类合成方位词的句法功能分布

发展到《三朝北盟会编》时期，“北”类合成方位词仍可分为派生式合成方位词和复合式合成方位词。

《三朝北盟会编》中“北”类派生式合成方位词共有7例。

其中“以北”有3例：

自过咸州至混同江以北，不种谷黍，所种止稗子。（卷三）

自过嫔、辰州，东京以北，绝少麦面，每日各以射倒禽兽荐饭。食毕上马。(卷四)

若虑日后侵陵，则于广信以北，横斜多筑城垒，严屯军马，仍开掘涿易两河为塘泺，连接沮洳，直抵雄霸。(卷十三)

“之北”有3例：

如或未曾，即请大金军马进于燕城之北，本朝军马，进于燕城之南。依元约夹攻之。(卷一)

至卫南之北，逢见金人伏兵接战，金人佯败，向东趋南华县。(卷八十五)

时随行有统制辅逵、米忠信数人，诸统制共坐间，有枢密院吏刘子忠忽问曰：“大江之北，即是金人重兵，何以却之?”(卷二百三十八)

“北边”有1例：

北边种落得中原地，无如拓跋魏。(卷二十九)

复合式合成方位词共有15例。

其中反向对举式合成方位词“南北”有4例，例如：

南北夹攻，不亡何待?(卷一)

庆曰：“南北天气，如此之异。”(卷五十五)

方位词“北”与方位词根“东”“西”结合成词的有11例，其中“西北”有3例，“东北”有8例，例如：

盖东北乃金人来路也。(卷二十四)

是夜，西北赤色如血，至三更方散。(卷五十七)

《三朝北盟会编》中“北”类合成方位词的句法功能分布情况见下表：

形式	句法功能					
	派生式合成方位词			复合式合成方位词		
	以北	之北	北边	南北	西北	东北
北	3	3	1	4	3	8
比重	13.6%	13.6%	4.5%	18.2%	13.6%	36.4%

可见，相对于《祖堂集》，《三朝北盟会编》中出现了派生式合成方位词“以北”和“北边”。在比重上，复合式合成方位词仍然占绝对优势，其中反向对举式合成方位词的比重降低。

《三朝北盟会编》是宋代重要的白话语料，对于我们研究那个时期的语言特点意义重大。本章我们选取《三朝北盟会编》作为语料，对这一时期“左”“右”“东”“西”“南”“北”的语义、句法功能的演变进行了讨论，得出了以下几个结论：

从语义演变的角度来看，晚唐五代至宋代这段时期“左”“右”的语义类别逐渐减少，且“左”“右”的独立性逐渐减弱，依赖性增强；“左右”合用时表方位引申义的比重逐渐超过了它的实指义；就“东”“西”“南”“北”的语义发展来看，其饰词性语义“向西/南/北”逐渐超过了语义“从西/南/北”。

从句法功能的历时演变来看，由于这一时期“左”“右”的独立性减弱，“左×”“×右”大量涌现，“左右”的句法功能增加，出现了“左右”在句中作定语和兼语的情况；这一时期出现了“东/西”单独作主语的情况，“东/西”后加双音节词的情况更加普遍，是词语双音节化在方位词中的反映；《三朝北盟会编》时期出现了大量“北×”与“上”结合成方位词短语的情况，新出现了合成方位词“以北”“北边”等。此外，这一时期还出现了多个方位词并列使用的情况。

第四章　宋代至元代“左”“右”“东”“西”“南”“北”的历时演变

元代的汉语受到了一些外来语的影响具有鲜明的时代特色，方位词也不例外，因此，对元代方位词的研究，对弄清近代汉语方位词的发展脉络乃至整个汉语方位词史的研究都具有极为重要的意义。本章我们将以元代的代表性文献《元刊杂剧三十种》为依据，对元代的方位词“左”“右”“东”“西”“南”“北”进行全面的描写。

第一节　“左”“右”的语义演变

一、“左”的语义演变

发展到《元刊杂剧三十种》时期，“左”单独表达语义的情况较少。《元刊杂剧三十种》中“左”的语义类别可分为两类：

左边，表方位义。具有这类语义特征的“左”在《元刊杂剧三十种》中共有 2 例，例如：

左关陕，右徐青，背怀孟，附襄荆，用兵的形势连着唐、邓，太行天险壮神京。

邪，错误的。具有这类语义特征的“左”在《元刊杂剧三十种》中共有 2 例，例如：

你摄伏下北极真武，活请下东华帝主，我道来你是南方左道术。便有缩地法，混天图，与你快取。

《元刊杂剧三十种》中“左”的语义分布情况见下表：

参数	语义类别	
	左边	邪，错误的
数量	2	2
比重	50%	50%

可见，到了《元刊杂剧三十种》时期，“左”单独表达语义特征的情况更加罕见，且“左”新生出了引申义“邪”。

二、“右”的语义演变

发展到《元刊杂剧三十种》时期，“右”大多与“左”并举出现。《元刊杂剧三十种》中“右”的语义类别可分为两类：

右边，表方位义。具有这类语义特征的“右”在《元刊杂剧三十种》中共有 2 例，例如：

不听的古剌剌净鞭三下响，不见文官每列在左壁，武官每列在右厢，尚古自列金钗十二行。

上，方位引申义，表等级。具有这类语义特征的“右”在《元刊杂剧三十种》中仅有 1 例：

论交游，你都在诸人之右。

《元刊杂剧三十种》中“右”的语义分布情况见下表：

参数	语义类别	
	右边	上
数量	2	1
比重	66.7%	33.3%

可见，到了《元刊杂剧三十种》时期，“右”的使用情况逐渐减少，“右”表方位义时大多与“左”并举出现。

三、“左右”合用的语义演变

发展到《元刊杂剧三十种》时期，“左右”合用的语义并没有发生很大变化。《元刊杂剧三十种》中“左右”合用的语义类别仍可分为两类：

表示“附近、周围”，具有这类语义特征的“左右”共有5例：

绕着二兄长根前，不离了小兄弟左右。
我子待玄鹤出入随，谁想香腮左右偎。
难遮护，我不怕前遮侍从，左右军卒。
前后军兵紧相并，左右枪刀厮围定。
您二人休离我左右。

表示方位引申义“近侍”，这样的共有7例，例如：

呼左右，叩阶基，那个把高山认的？
呼左右亲问端的，这大夫谁相识？
唤军卒摆法场，呼左右列刀枪，快拥出辕门休问当。

《元刊杂剧三十种》中“左右”合用的语义分布情况见下表：

参数	语义类别	
	附近、周围	近侍
数量	5	7
比重	41.7%	58.3%

可见，这一时期“左右”合用的语义分布仍以“近侍”为主，且多用于口语中，表“附近、周围”的比重相对减少。

第二节 “左”“右”的句法功能演变

一、“左”的句法功能演变

发展到《元刊杂剧三十种》时期，“左”单独作句法成分的用例不多。

《元刊杂剧三十种》中“左”的句法功能有两种：

作定语的例句有 3 例，例如：

怎想舌是斩身刀，子见他恶歆歆仗着龙泉寻左错。

作主语的例句仅有 1 例：

左关陕，右徐青，背怀孟，附襄荆，用兵的形势连着唐、邓，太行天险壮神京。

《元刊杂剧三十种》中“左 ×”结构的例句有 3 例，其中“左 ×”在句中主要作宾语和定语。

《元刊杂剧三十种》中“左”与“左 ×”的句法功能分布情况见下表：

形式	句法功能		
	定语	主语	宾语
左	3	1	0
左 ×	1	0	2

可见，从《三朝北盟会编》到《元刊杂剧三十种》，“左”的句法功能均以作定语为主，《元刊杂剧三十种》中没有出现方位短语“ ×左”的情况。

二、“右”的句法功能演变

发展到《元刊杂剧三十种》时期，“右”单独作句法成分的情况极少。《元刊杂剧三十种》中“右”在句中单独作定语的例句仅有 1 例：

不听的古刺刺净鞭三下响，不见文官每列在左壁。

单独作中心语的仅有 1 例：

论交游，你都在诸人之右。

单独作主语的也仅有 1 例：

左关陕，右徐青，背怀孟，附襄荆，用兵的形势连着唐、邓，太行天险壮神京。

《元刊杂剧三十种》中单纯方位词“右”与“ × 右”和“右 ×”的句法

功能分布情况见下表：

形式	句法功能			
	主语	定语	中心语	宾语
右	1	1	1	0
×右	0	0	1	0
右×	1	0	0	1

可见，这一时期“右”在作品中出现很少，且多与“左”并举出现，表具体的方位。

三、“左右”的句法功能演变

发展到《元刊杂剧三十种》时期，“左右”主要在句中作宾语。

《元刊杂剧三十种》中“左右”作宾语的共有4例，例如：

呼左右，叩阶基，那个把高山认的？

“左右”在句中作主语的有3例，例如：

左右，准备酒者！张将军也见功也！

作定语的有2例，例如：

前后军兵紧相并，左右枪刀厮围定。

作中心语的也有2例，例如：

您二人休离我左右。

作状语的仅有1例：

我子待玄鹤出入随，谁想香腮左右偎，你那绣衾不耐如黄细被。

《元刊杂剧三十种》中“左右”的句法功能分布情况见下表：

形式	句法功能				
	宾语	主语	定语	中心语	状语
左右	4	3	2	2	1
比重	33.3%	25%	16.7%	16.7%	8.3%

可见，发展到《元刊杂剧三十种》时期，“左右”合用在句中的句法功能以作宾语为主，新出现了“左右”在句中作状语的情况，这一时期“左右”表示“近侍”，大多直接用于称呼语中。

第三节 “东”“西”“南”“北”的语义演变

一、“东”的语义演变

发展到《元刊杂剧三十种》时期，“东”仍以表体词性语义“东边”为主。

《元刊杂剧三十种》中“东”表体词性语义“东边”的共有45例，例如：

厌地转过东墙，携手儿相将，轻蹅践残芳，直望着厅堂。

几时得为爱青山，住东风懒着吟鞭。

表饰词性语义“向东”的有21例，例如：

大江东去浪千叠，引着这数十人，驾着这小舟一叶。

汉中王有意东迁，重臣子房已奏：“陛下不可。有虞子期告变，不合袭于殿后。”

你赛隋何枉了闲唇口，休想我信风波东见东流。

表谓词性语义“东行”的仅有1例：

官来接会，物西钱东，思（私）多共（公）少，日久天长，俺做令史的那一个敢合神道？

《元刊杂剧三十种》中“东”的语义分布情况见下表：

参数	语义类别		
	体词性语义“东边”	饰词性语义“向东”	谓词性语义“东行”
数量	45	21	1
比重	67.2%	31.3%	1.5%

可见，这一时期“东”的语义分布仍以体词性语义“东边”为主，但比重大幅度下降，饰词性语义“向东”获得很大发展，表谓词性语义“东行”的例句有所减少。

二、“西”的语义演变

发展到《元刊杂剧三十种》时期，“西”在句中主要表体词性语义“西边”。

《元刊杂剧三十种》中“西”表体词性语义“西边”的共有 36 例，例如：

则明朝你索绮窗晓日闻鸡唱，我索立马西风数雁行。
正不是爷做着县衙司，正不是西台御史。
牌面上书神字催香赛，拂西风满面尘埃。

“西”表饰词性语义的共有 19 例。其中表“向西”的有 18 例，例如：

东倒西歪，后合前仰，离席上。
只被宿酒禁持，轰腾杀浩然之气，几曾明白见一个乌兔西飞？
我醉了呵东倒西歪尽不妨。

表“自西”的仅有 1 例：

东窗下不解西来意，我葫芦提你无支持。

“西”表谓词性语义“西行”的有 2 例，例如：

不比咱那泼街衢妓馆画楼西，这的是好人家大院深宅内。

《元刊杂剧三十种》中“西”的语义分布情况见下表：

<table>
<tr><td rowspan="3">参数</td><td colspan="4">语义类别</td></tr>
<tr><td rowspan="2">体词性语义“西边”</td><td colspan="2">饰词性语义</td><td rowspan="2">谓词性语义“西行”</td></tr>
<tr><td>向西</td><td>自西</td></tr>
<tr><td>数量</td><td>36</td><td>18</td><td>1</td><td>2</td></tr>
<tr><td>比重</td><td>63.2%</td><td colspan="2">33.3%</td><td>3.5%</td></tr>
</table>

由此观之，这一时期“西”仍以表体词性语义“西边”为主，表饰词性语义的比重增加。

三、“南”的语义演变

发展到《元刊杂剧三十种》时期，“南”的语义分布有了较大变化。

《元刊杂剧三十种》中“南”仍以表体词性语义“南边”为主，这样的共有33例，例如：

西出阳关无故人，则见俺在这南国梁园依旧亲。
为家私消乏上，三口儿去曹州曹南镇上探亲来。
今日册东宫登宝位，代先帝拜南郊。

表饰词性语义“向南”的共有5例，例如：

又随着车驾、车驾南迁甚时回？
他待要南征北讨，西除东荡，厮杀相持。
随高宗南渡于金陵。

《元刊杂剧三十种》中“南”的语义分布情况见下表：

参数	语义类别	
	体词性语义“南边”	饰词性语义“向南”
数量	33	5
比重	86.8%	13.2%

可见，到了《元刊杂剧三十种》时期，“南”的语义可分为体词性语义

“南边”和饰词性语义“向南”两种，且体词性语义“南边”占主导地位，《元刊杂剧三十种》中并未出现“南”表谓词性语义的情况。

四、“北”的语义演变

发展到《元刊杂剧三十种》时期，“北”的语义分布情况有了一些改变。《元刊杂剧三十种》中“北”主要表体词性语义“北边”，这样的共有21例，例如：

死临侵不能够葬故乡三尺荒丘，谁奠一盏北邙坟上酒！
朝游北海暮苍梧，袖内青蛇胆气粗。

表饰词性语义“向北”的共有5例，例如：

自从这人北渡，浑一似梦南柯。
一时间趁篷箔顺水推船，不比西出阳关，北侍居延。

《元刊杂剧三十种》中“北”的语义分布情况见下表：

参数	语义类别	
	体词性语义“北边”	饰词性语义“向北”
数量	21	5
比重	80.8%	19.2%

可见，这一时期“北”的语义分布仍以表体词性语义“北边”为主，但饰词性语义仅有单向性的“向北”一个类型。《元刊杂剧三十种》中并未出现“北”表“自北”的情况。

第四节 “东”“西”“南”“北”的句法功能演变

一、“东”的句法功能演变

(一)“东”的句法功能分布

发展到《元刊杂剧三十种》时期，单纯方位词“东”以作定语和状语为主。

《元刊杂剧三十种》中“东”在句中作定语的共有23例，例如：

疾忙把公孙弘东阁门桯蓦，休等他汉孔融北海尊席待，你依着范尧夫肯付舟中麦，他不学庞居士放取来生债。

云气重如倒悬东大海，雨势大似翻合洞庭湖。

太师道：“从见了呆行者西山里作下文，不想东窗下事犯紧。”

作宾语的共有4例：

他道东你随着东去，他道西呵你顺着西流，他醉时节你便走。

一投匆匆月出东，却早厌厌日落西，秋鸿社燕相催逼。

俺不是推东阻西，子怕言不按典，话不投机。

最可怜你白头老母正堪忧。我眼中泪，和心上愁，这两般儿合就，似一江春水向东流。

作中心语的共有5例，例如：

这几年你是住在江东？是居在汉中？

现如今荆州刘表献了江东，益州刘璋坏了皇宫。

作状语的有21例，例如：

你瞒人怎抵俺伤人易，这的是东行不知西行利。

醉醺醺跳出龙门外，似草店上般东倒西歪。

你赛隋何枉了闲唇口，休想我信风波东见东流。

作谓语的仅有1例：

官来接会，物西钱东，思（私）多共（公）少，日久天长，俺做令史的那一个敢合神道？

《元刊杂剧三十种》中“东”的句法功能分布情况见下表：

形式	句法功能				
	定语	宾语	中心语	状语	谓语
东	23	4	5	21	1
比重	42.6%	7.4%	9.3%	38.9%	1.9%

可见，与《三朝北盟会编》时期相比，《元刊杂剧三十种》中“东”的

句法功能种类减少。在比重关系上，这一时期“东”的句法功能由以作中心语为主，变为以作定语为主，“东”在句中作中心语的比重在这一时期急剧下降，而作状语的比重则迅速提高，且多与“西”并举出现。

（二）“×东”的句法功能分布

发展到《元刊杂剧三十种》时期，方位短语“×东”在书中出现的例句不多。《元刊杂剧三十种》中“×东”仅出现了5例，且“×东”在句中均作宾语，例如：

莫不身居在子巷东？

可见，这一时期方位短语“×东”的用例减少，“×东”的句法功能也变得单一。《元刊杂剧三十种》中“×东”的句法功能仅有作宾语这一种情况。

（三）“东×”的句法功能分布

发展到《元刊杂剧三十种》时期，“东×”在句中仍然以作宾语和定语为主。《元刊杂剧三十种》中“东×”主要作宾语，这样的共有10例，例如：

天寒日短，迥野消疏，关山苦楚，风雪交杂，浑身单夹衣服，舞东风乱糁真珠。

我慢慢的过两廊，他遥遥的映东墙，哭啼啼口内诉衷肠。

恁般一个秦家继业人，客尽东愁甚末刘项不分。

常作定语，这样的共有9例，例如：

恰脱了粗衣布裳，便穿上束带朝章，拜受了玄纁一箱，跪听了丹诏十行，面觑着东都洛阳，三舞蹈顿首诚惶。

你去三门前且躲，你去东廊下休来近我，你向树荫中权且歇波。

作主语的有4例，例如：

俺便似遭严腊，久盼望，久盼望你个东皇，望得些春光艳阳，东风和畅。

往常恐东风吹与外人知，怎想这里泄露天机？

杨柳晴轩，海棠深院，东风转，花柳争先，忙杀莺啼燕。

作中心语的仅有1例：

他东庄有个李屠，死了三日未曾埋。

《元刊杂剧三十种》中“东×”的句法功能分布情况见下表：

形式	句法功能			
	宾语	定语	主语	中心语
东×	10	9	4	1
比重	41.7%	37.5%	16.7%	4.2%

可见，这一时期“东×”的句法功能仍以作宾语和定语为主，且作宾语的比重超过了作定语的比重。

（四）“东”类合成方位词的句法功能分布

发展到《元刊杂剧三十种》时期，“东”类合成方位词仍可分为派生式合成方位词和复合式合成方位词两种。

《元刊杂剧三十种》中“东”类派生式合成方位词共有 2 例，其中“东方”有 1 例：

黄河一旦清，东方日已明。

“东头”有 1 例：

把酒快买，将猪便宰，去那店东头当下旧麻鞋。

复合式合成方位词共有 11 例。

反向对举式合成方位词“东西”有 4 例，例如：

日高三丈蒙头睡，一任交乌兔走东西。
他若不在俺宅司内，便大家南北，各自东西！

复合式合成方位词“东南”有 6 例，例如：

丞相问我归何处，家住东南第一山。
自太师差自家东南第一山勾呆行者叶守一去，不想去惹多时节！
我将那东南山去路将他问……

还有 1 例为“南北东西”：

恰辨得个南北东西，被子规声唤回春睡。

《元刊杂剧三十种》中“东”类合成方位词的句法功能分布情况见下表：

形式	句法功能				
	派生式合成方位词		复合式合成方位词		
	东方	东头	东西	东南	南北东西
东	1	1	4	6	1
比重	7.7%	7.7%	30.8%	46.2%	7.7%

可见，与《三朝北盟会编》相比，《元刊杂剧三十种》中“东”类合成方位词仍以复合式合成方位词为主，派生式合成方位词中并未出现“之东”的形式，而是重新出现了“东”与后缀“方、头”结合成词的情况。复合式合成方位词中，反向对举式复合方位词“东西”在这一时期主要在句中作宾语和谓语。

二、“西”的句法功能演变

（一）“西”的句法功能分布

发展到《元刊杂剧三十种》时期，“西”仍以作定语为主。

《元刊杂剧三十种》中“西”主要作定语，这样的共有24例，例如：

把投林高鸟西风里放，也强如衔花野鹿深宫里养。

臣该万死，误奏天颜：臣见贬正宫皇后、东宫太子、西府储君，不知有何罪犯。

常作状语，作状语的共有19例，例如：

日西沉朝退群臣散，月东升烛灭深宫晚。

管甚么送青春夕阳西下，任无情江水东流，轻烟细雨迷了前后。

作中心语的共有5例，例如：

到于浙西钱塘镇，立名行在，即其帝位。

外末云往浙西索钱了。

作宾语的共有3例，例如：

一投匆匆月出东，却早厌厌日落西。

俺不是推东阻西，子怕言不按典，话不投机。

作谓语的有2例，例如：

不比咱那泼街衢妓馆画楼西，这的是好人家大院深宅内。

《元刊杂剧三十种》中“西”的句法功能分布情况见下表：

形式	句法功能				
	定语	状语	中心语	宾语	谓语
西	24	19	5	3	2
比重	45.3%	35.8%	9.4%	5.7%	3.8%

可见，与《三朝北盟会编》相比，《元刊杂剧三十种》中“西”的句法功能仍以作定语为主，这一时期“西”作状语的比重大幅度增加，作中心语的比重大幅度降低。这一时期新增加了“西”在句中单独作宾语的情况，且多与“东”对举出现。

（二）“×西”的句法功能分布

发展到《元刊杂剧三十种》时期，方位短语“×西”的用例不多。《元刊杂剧三十种》中“×西”共出现了5例。

“×西”在句中作定语的有2例，例如：

在襄阳西二十里，号曰隆中。

作宾语的共有3例，例如：

从哥哥往浙西去，早半年。

可见，《元刊杂剧三十种》中方位短语“×西”的句法功能情况没有很大变化，且“×西”已经有固定为地名的趋势。

（三）“西×”的句法功能分布

发展到《元刊杂剧三十种》时期，“西×”主要作宾语和定语。

《元刊杂剧三十种》中“西×”在句中以作宾语为主，这样的共有11例，例如：

……钓西风渭水秋，笑严光，傲许由，到如今，一笔勾。

我则见败残鳞甲满天飞，抵多少西风落叶长安道。

趁着烟霞伴侣，舞西风归去，我交你朗吟飞过洞庭湖。

常作定语，这样的共有10例，例如：

划地信佞语谗言损害人，因此上别了西府秦王处分。
太师道：“从见了呆行者西山里作下文，不想东窗下事犯紧。”

“西×”作主语的有3例：

我也是惜毛翎，委实怕这秋天万里西风冷。
正沧海鱼龙夜，趁西风雕鹗秋。
这其间趁西风人远天涯近。

《元刊杂剧三十种》中“西×”的句法功能分布情况见下表：

形式	句法功能		
	宾语	定语	主语
西×	11	10	3
比重	45.8%	41.7%	12.5%

可见，《元刊杂剧三十种》中“西×”作定语的比重增加，成为“西×”的主要句法功能种类之一。

（四）“西”类合成方位词的句法功能分布

发展到《元刊杂剧三十种》时期，“西”类合成方位词出现的例句很少。《元刊杂剧三十种》中“西”类合成方位词共有4例。

派生式合成方位词“西边”仅有1例：

交近南蛮，至北隅，接西边，去东鲁，一年多，半载余，那里景凄凉，地凄楚。

复合式合成方位词共有7例。其中反向对举式合成方位词“东西”共有4例，例如：

您昆仲各东西，俺子母两分离，怕哥哥不嫌相辱呵权为个妹。
乐意开怀虽恁地，也省可里不记东西。

“西北”有2例：

锦绣华夷，忽从西北，天兵起。
家住在汴梁西北角隐贤庄居住。

“南北东西”有1例：

今日醉乡中，如混沌，初分天地。恰辨得个南北东西，被子规声唤回春睡。

《元刊杂剧三十种》中“西”类合成方位词的句法功能分布情况见下表：

形式	句法功能			
	派生式合成方位词	复合式合成方位词		
	西边	东西	西北	南北东西
西	1	4	2	1
比重	12.5%	50%	25%	12.5%

这一时期“西”类合成方位词以复合式合成方位词为主，派生式合成方位词所占的比重减小，仅出现了“西边”1例；复合式合成方位词中以反向对举式复合方位词“东西”为主，且出现了介宾结构在句中独立作句子成分的情况。

三、“南”的句法功能演变

（一）“南”的句法功能分布

发展到《元刊杂剧三十种》时期，单纯方位词“南”在句中以作定语为主。

《元刊杂剧三十种》中“南”单独作定语的共有10例，例如：

从今后饭余皮袋饱，茶罢精神爽，高打起南轩吊窗，烟雨外种莲花，云台上看仙掌。

几曾见递流南浦人千里？怎饮这配役阳关酒一杯。

作中心语的有9例，例如：

殿上帝王，行思坐想，正南下望，知祸起自天降。

作状语的有6例，例如：

则恁的由自常思想，可更随车驾南迁汴梁。教俺去住无门，徊徨！

生并的南伏北降，出气力西除东荡！

作宾语的仅有2例：

是未发迹，卦铺里，恁时节相识，曾算着他面南登基。

如今面南称尊，便撇在三限里不倸问。

《元刊杂剧三十种》中“南”的句法功能分布情况见下表：

形式	句法功能			
	定语	中心语	状语	宾语
南	10	9	6	2
比重	37.0%	33.3%	22.2%	7.4%

可见，这一时期“南”单独作句法成分时的句法功能种类减少，在句法功能分布上仍以作定语为主。“南”在句中单独作中心语的比重增加，而作状语的比重减小。

（二）“×南”的句法功能分布

发展到《元刊杂剧三十种》时期，方位短语“×南”的句法功能有了很大变化。《元刊杂剧三十种》中方位短语“×南”共出现了9例。

“×南”在句中主要作定语，这样的共有4例，例如：

自曹州曹南庄上卖了长寿孩儿，又早二十年了呵！

告你个南海南救苦观自在：我与你磕头礼拜，你放了我孩儿胜如做万僧斋。

作中心语的有3例，例如：

自家共大嫂张氏，孩儿长寿，咱三口儿洛阳居住，往曹州曹南探亲来。

婆婆，咱两口儿泰安州还了香愿，却来曹州曹南打听孩儿消息咱。

作宾语的有1例：

则咱这镇江淮，无征斗，倒大来散诞优游。

作状语的也有1例：

亸袖垂肩仕女图，似秋草人情日日疏。待寄萧娘一纸书，地北天南雁亦无。

《元刊杂剧三十种》中“×南”的句法功能分布情况见下表：

形式	句法功能			
	定语	中心语	宾语	状语
×南	4	3	1	1
比重	44.4%	33.3%	11.1%	11.1%

可见，这一时期方位短语“×南”主要在句中作定语和中心语，作宾语的比重大幅度降低，仅出现了1例。此外，《元刊杂剧三十种》中还出现了“×南”在句中作状语的情况。

（三）“南×”的句法功能分布

发展到《元刊杂剧三十种》时期，“南×”的句法功能分布情况变化不大。

《元刊杂剧三十种》中“南×”在句中主要作定语，这样的有4例：

从今后饭余皮袋饱，茶罢精神爽，高打起南轩吊窗，烟雨外种莲花，云台上看仙掌。

常作宾语，共有3例，例如：

似这般忒自由，没拘束，猛轩腾，但发露，交近南蛮，至北隅，接西边，去东鲁。

作中心语的有2例：

灭纣主残殷以敬天，祀后稷南郊以配天。
哥哥，这西壁南间，锁着甚物？

作主语的有1例：

那爷爷威风整神通大，断阴司能驱鬼使，判南衙不爱民财。

《元刊杂剧三十种》中“南×”的句法功能分布情况见下表：

形式	句法功能			
	定语	宾语	中心语	主语
南×	4	3	2	1
比重	40%	30%	20%	10%

可见，与《三朝北盟会编》相比，《元刊杂剧三十种》中“南×”的用例大幅度减少。在句法功能分布比重上，“南×”在句中作宾语和主语的比重大幅度降低。

（四）“南”类合成方位词的句法功能分布

发展到《元刊杂剧三十种》时期，“南”类合成方位词的句法功能分布有了一定变化。《元刊杂剧三十种》中“南”类合成方位词仍可分为派生式合成方位词和复合式合成方位词两大类。

派生式合成方位词有5例。“南边”有1例：

朝野内度星正俺南边上，白虹贯日光。

“南方”有2例：

你是南方赤帝子，上应北极紫微星。
我道来你是南方左道术。

“南头”[①] 有1例：

与人家担好水，换恶水，又不会南头贩贱北头贩贵。

“南面”有1例：

微臣冠服衮冕执桓圭，坐休近蟠龙椅，他每北面而朝能可南面[②]立。

“南”类复合式合成方位词有8例。其中反向对举式合成方位词“南北”有1例，且此处“南北”在句中作谓语：

他若不在俺宅司内，便大家南北，各自东西！

“南北东西”有1例：

恰辨得个南北东西，被子规声唤回春睡。

“东南”有6例，例如：

秦太师钧旨，交往东南第一山勾捉呆行者叶守一，须索走一遭去。

---

① 相对于“东头”和“西头”，“南头”出现的时间较晚，经考察，这一时期是“南头”出现的时期。

② 储泽祥先生将“南面”“南头”这一类的合成方位词称为“复标”，方位标的独用式有相对独用和绝对独用两种类型，此处的“南面立”即为复标的绝对独用，“南面”在此处独用作状语。

远远地见一个卖卦先生，第一问东南山去路，第二买一卦则个。
兀底明写东南第一山！

《元刊杂剧三十种》中“南”类合成方位词的句法功能分布情况见下表：

形式	句法功能						
	派生式合成方位词				复合式合成方位词		
	南边	南方	南头	南面	南北	南北东西	东南
南	1	2	1	1	1	1	6
比重	7.7%	15.4%	7.7%	7.7%	7.7%	7.7%	46.2%

可见，这一时期“南”类合成方位词中新出现了派生式合成方位词“南头”，“南”类合成方位词在形式上更加丰富了。

四、“北”的句法功能演变

（一）“北”的句法功能分布

发展到《元刊杂剧三十种》时期，单纯方位词“北”在句中仍以作定语为主。

《元刊杂剧三十种》中“北”单独作定语的有11例，例如：

青史标名枉落空，那的是当来厮知重，不要他立碑碣乱墓丛中，子为俺虚葬北邙山下冢！

作状语的共有5例，例如：

他待要南征北讨，西除东荡，厮杀相持。
生并的南伏北降，出气力西除东荡！
荆州北据汉、沔，利尽南海，东连吴会，西通巴、蜀……

作中心语的共有2例：

莫不身居在子巷东？家住在大街北？

作宾语的也有2例：

若到荆州内，半米儿不宜迟，发送的关云长向北归。

益州险塞，沃野千里，天府之土；刘璋暗弱，张鲁在北，民殷国富而不知存恤，智能之士思得明君。

《元刊杂剧三十种》中“北”的句法功能分布情况见下表：

形式	句法功能			
	定语	状语	中心语	宾语
北	11	5	2	2
比重	55%	25%	10%	10%

这一时期单纯方位词“北”的句法功能仍以作定语为主，与《三朝北盟会编》所在的时期一致。

（二）“×北”的句法功能分布

发展到《元刊杂剧三十种》时期，方位短语“×北”的用例较少。《元刊杂剧三十种》中“×北”仅出现了2例，“×北”在句中作状语和宾语。

“×北”在句中作状语的有1例：

獬袖垂肩仕女图，似秋草人情日日疏。待寄萧娘一纸书，地北天南雁亦无。

作宾语的也仅有1例：

家住在大街北？

可见，这一时期方位短语“×北”的用例大量减少，且出现了“×北”在句中作状语的情况。

（三）“北×”的句法功能分布

发展到《元刊杂剧三十种》时期，“北×”在句中仍以作定语为主。《元刊杂剧三十种》中“北×”作定语的有6例，例如：

你摄伏下北极真武，活请下东华帝主，我道来你是南方左道术。
恰游了北粤苍梧，又早岁华几度，成今古。

作宾语的有4例，例如：

镇华夷呵，便似挟太山以超北海，朝銮驾呵，便索待漏院久立东华。
便是有那金银垛至北斗待何如！

作状语的仅有1例：

疾忙把公孙弘东阁门桯蓦，休等他汉孔融北海尊席待。你依着范尧夫肯付舟中麦，他不学庞居士放取来生债。

《元刊杂剧三十种》中“北×”的句法功能分布情况见下表：

形式	句法功能		
	定语	宾语	状语
北×	6	4	1
比重	54.5%	36.4%	9.1%

这一时期“北×”的用例数量有所减少，在句中仍以作定语为主，不再作为主语出现，且新出现了“北×”作状语的情况。

（四）“北”类合成方位词的句法功能分布

发展到《元刊杂剧三十种》时期，“北”类合成方位词仍可分为派生式合成方位词和复合式合成方位词两种。

《元刊杂剧三十种》中“北”类派生式合成方位词共有2例。“北面”有1例：

微臣冠服衮冕执桓圭，坐休近蟠龙椅，他每北面而朝能可南面立。

“北头”有1例：

与人家担好水，换恶水，又不会南头贩贱北头贩贵。

“北”类复合式合成方位词有4例，“南北东西”有1例：

恰辨得个南北东西，被子规声唤回春睡。

“西北”有2例：

锦绣华夷，忽从西北，天兵起。
家住在汴梁西北角隐贤庄居住。

反向对举式复合方位词“南北”有1例：

他若不在俺宅司内，便大家南北，各自东西！

《元刊杂剧三十种》中“北”类合成方位词的句法功能分布情况见下表：

形式	句法功能				
	派生式合成方位词		复合式合成方位词		
	北面	北头	南北东西	西北	南北
北	1	1	1	2	1
比重	16.7%	16.7%	16.7%	33.3%	16.7%

可见，这一时期“北”类合成方位词中新出现了派生式合成方位词“北头”，且与“南头”并举出现，复合式合成方位词在这一时期仍然占绝对优势。

发展到《元刊杂剧三十种》时期，“左”“右”“东”“西”“南”“北”的语义和句法功能的历时演变情况大致可以总结为以下两点：

从语义的历时演变来看，这一时期“左”衍生出了“邪，错误的”等语义类别，逐渐与现代汉语中“左”的语义类别相近，且“左”“右”表方位义时多并举出现。“东”“西”“南”“北”的语义类别与《三朝北盟会编》时期并无二致。

从句法功能的历时演变来看，这一时期“左右”合用新出现了在句中作状语的情况；“东”“西”单独作宾语时多并举出现，方位短语“×西”有固定为地名的趋势；这一时期新出现了“×南/北”在句中作状语的情况，新出现了派生式合成方位词“南头”“北头”，合成方位词的形式逐渐丰富。

第五章　元代至明代"左""右""东""西""南""北"的历时演变

明代方位词的方位意义往往由具体实指引申而来，意义与用法上有明显的虚化特点，虚化现象的加剧最终导致了词汇成分的语法化。本章我们将从语义和句法两个层面出发，对方位词"左""右""东""西""南""北"进行全面而详细的考察，我们依据的文献是明代的代表性文献《金瓶梅词话》。

第一节　"左""右"的语义演变

一、"左"的语义演变

发展到《金瓶梅词话》时期，"左"的语义仍以方位义"左边"为主。《金瓶梅词话》中"左"在句中表"左边"语义的共有51例，例如：

叙毕礼数，方宽衣解带，才与众人作揖，左首第三席安下盅箸。（第五十八回）

留空着温秀才坐位在左首。（第六十八回）

但吃了这左眼大，早年克父；右眼小，周岁克娘。（第二十九回）

"左"表饰词性语义"向左"的有7例，例如：

因恐怕西门庆出来撞见，连那算帐的事情也不吆呼，两只眼又像老鼠儿见了猫来，左顾右盼，提防着，又没个方便，一溜烟自出去了。（第五十七回）

妇人约饭时起来，换睡鞋，寻昨日脚上穿的那双红鞋，左来右去少一只。（第二十八回）

今日左来右去，只欺负我这干女儿。（第五十二回）

《金瓶梅词话》中"左"的语义分布情况见下表：

参数	语义类别	
	左边	向左
数量	51	7
比重	87.9%	12.1%

可见，这一时期“左”的语义分布以表“左边”为主，在句中均表方位义，饰词性语义“向左”在《金瓶梅词话》中可分为两种情况，一种为方位义上的“向左”，另一种为表方位引申义“向左”，且多用于固定搭配“左来右去”中。

二、“右”的语义演变

发展到《金瓶梅词话》时期，“右”在句中主要表方位义“右边”。

《金瓶梅词话》中“右”表“右边”的共有29例，例如：

左手扶起武大，右手把药便灌。(第二十四回)

一个急急脚脚的老小，左手拿着一个黄豆巴斗，右手拿着一条绵花叉口，望前只管跑走。(第六十回)

右腮一点黑痣，一生受夫敬爱。(第二十九回)

表“向右”的共8例，例如：

吴月娘出了个四红沉八不就，双三不搭两么儿，和儿不出，左来右去配不着色头。(第十八回)

今日左来右去，只欺负我这干女儿。(第五十二回)

《金瓶梅词话》中“右”的语义分布情况见下表：

参数	语义类别	
	右边	向右
数量	29	8
比重	78.4%	21.6%

可见，这一时期“右”的语义仍以方位义“右边”为主，且多用于表身体部位，如“右手”“右腮”等，《金瓶梅词话》中“右”表“向右”义时多与“左”并举出现。

三、“左右”合用的语义演变

发展到《金瓶梅词话》时期，“左右”合用的语义类别逐渐增加。《金瓶梅词话》中“左右”合用的语义共分为6类：

其中“左右”在句中主要表“近侍、近臣”义，这样的共有130例，例如：

喝令左右：“选大板，拿下去着实打。”（第十九回）

说毕，适有吴大舅、二舅到，作了揖，同坐下，左右放桌儿摆饭。（第三十一回）

表“附近、周围”义的共有15例，例如：

左右闪过四五个小厮，大叫：“捉贼！”一齐向前，把来旺儿一把捉住了。（第二十六回）

内中一老者见男妇二人拴做一处，便问左右站的人：“此是为什么事的？”（第三十三回）

凡百于老爷左右，无不尽力扶持。（第三十六回）

表“左边和右边”[①]的共有31例，例如：

经济与来兴儿，左右一边一个，随路放慢吐莲、金丝菊、一丈兰、赛月明。（第二十四回）

三天门外，离娄与师旷狰狞，左右阶前，自虎与青龙猛勇。（第三十九回）

铺排引西门庆进坛里，向三宝案左右两边上香。（第三十九回）

表“向左向右”的仅有2例，例如：

刚打发去了，西门庆把屏风拂抹干净，安在大厅正面，左右看视，金碧

---

① “超合类是指复标式的意义超过了字面意义”，此处“左右”表“左边和右边”时是实指，其语义是加合类的，前一个义项“附近、周围”是虚指，语义类别是超合类的。因此，我们从“附近、周围”义中分离出它的“左边和右边”的这一义项，可见，这一时期“左右”表实指性的“左边和右边”的情况更为常见。参见储泽祥. 现代汉语方所系统研究［M］. 2版. 武汉：华中师范大学出版社，2003.

彩霞交辉。(第四十五回)

表“反正”的有46例，例如：

潘金莲嘴快，说道：“却又来，既有老冯在家里看家，二娘在这里过一夜儿也罢了，左右那花爹没了，有谁管着你!”(第十四回)

月娘道：“左右是个内官家，又没什么，随他摆弄一回子就是了。”(第三十二回)

李瓶儿道：“左右今日你娘不在，你吃上一钟儿怕怎的?”(第三十四回)

左右他只要搗合同的话，教他过了二十四日来罢。(第六十七回)

表“约数”的仅有1例：

只他一个浑家，年纪只好二十左右，生的十分美貌；又有两个孩子，才三四岁。(第五十六回)

《金瓶梅词话》中“左右”合用的语义分布情况见下表：

参数	语义类别					
	近侍、近臣	附近、周围	左边和右边	向左向右	反正	约数
数量	130	15	31	2	46	1
比重	57.8%	6.7%	13.8%	0.9%	20.4%	0.4%

可见，这一时期“左右”合用的用例大幅度增加，且“左右”在句中所表示的语义类别也有所增加，延伸出了方位引申义“反正”和“约数”等语义，且表示“反正”语义的例句在书中大量出现，多用于对话中。在用例比重上，“左右”表“近侍、近臣”的比重最大。

第二节 “左”“右”的句法功能演变

一、“左”的句法功能演变

(一)“左”的句法功能分布

发展到《金瓶梅词话》时期，单纯方位词“左”的句法功能种类有所增加。

《金瓶梅词话》中“左”在句中主要单独作定语，这样的共有34例，例如：

妇人将身子把灯影着，左手执酒，刚待的经济用手来接，右手向他手背只一捏……（第二十四回）

一面脱了衣服，安在左手第四席，与吴大舅相近而坐。（第五十八回）

叙毕礼数，方宽衣解带，才与众人作揖，左首第三席安下盅箸。（第五十八回）

单独作宾语的共有4例，例如：

当下蔡御史让宋御史居左，他自在右，西门庆垂首相陪。（第四十九回）

西门庆出大门迎接，至厅上叙礼，各道契阔之情，分宾主坐下。黄主事居左，安主事居右，西门庆主位相陪。（第五十一回）

作主语的有1例：

这潘金莲坐着，半日不言语，一面把那狗打了一回，开了门，放出去了；又寻起秋菊的不是来，看着那鞋，左也恼，右也恼。（第五十八回）

作状语的有7例，例如：

他只顾左遮右掩的。（第三十五回）

因恐怕西门庆出来撞见，连那算帐的事情也不吆呼，两只眼又像老鼠儿见了猫来，左顾右盼，提防着，又没个方便，一溜烟自出去了。（第五十七回）

作中心语的有2例：

西门庆坐席左，两个在席上交杯换盏饮酒，迎春、绣春两个丫鬟在傍斟酒下菜伏侍。（第十六回）

我是那活佛出现，也不放在你那心左。（第七十五回）

《金瓶梅词话》中“左”的句法功能情况见下表：

形式	句法功能				
	定语	宾语	主语	状语	中心语
左	34	4	1	7	2
比重	70.8%	8.3%	2.1%	14.6%	4.2%

（二）“×左”的句法功能分布

《金瓶梅词话》中方位短语“×左”仅有2例，且“×左”均在句中作宾语。

（三）“左×”的句法功能分布

《金瓶梅词话》中“左×”形式的共有34例。

“左×”在句中主要作定语，这样的有12例，例如：

当日武松与两个公人出离东平府，来到本县家中，将家活多变卖了，打发那两个公人路上盘费，央托左邻姚二郎看管迎儿……（第十回）

左口角下这一点黑痣，主常沾啾唧之灾。（第二十九回）

员外左眼眶下有一道白气，乃是死气，主不出此年，当有大灾殃。（第四十七回）

常作主语，这样的有9例，例如：

左肋、面门、心坎、肾囊，俱有青赤伤痕不等。（第十回）

里边说来：嘴唇略扁了些，左额角稍低些，眉还要略放湾些儿。（第六十三回）

“左×”在句中作中心语的有2例：

新近又娶了清河左卫吴千户之女，填房为继室。（第二回）

我那边左近[①]住一个小后生，倒也是旧人家出身，父母都没了，自幼在王皇亲家宅内答应，好几年了，也有了媳妇儿了。（第七十七回）

作宾语的有8例，例如：

你只在左近处伺候。（第五回）

说他不尽，是左门神，白脸子，极古来子，不知道甚么儿的，好哄他。（第五十二回）

你们却不晓的，西门大官家里豪富泼天，金银广布，身居着右班左职。（第五十五回）

说由未了，武松把刀子乞查的插在桌子上，用左手揪住妇人云髻，右手

---

① “‘远’‘近’是表示距离的形容词，在句子中，它们与别的成分一起也可以表示方所”，此处“左近”便构成方所。详见储泽祥．现代汉语方所系统研究［M］．2版．武汉：华中师范大学出版社，2003．

匹胸提住，把桌子一脚踢番，碟儿盏儿都落地打得粉碎。（第八十七回）

作同位语的有3例：

又央了左邻贾仁清、伊面慈二人来西门庆家，替来旺儿念，讨媳妇箱笼。（第二十六回）

原来乔大户娘子那日请了尚举人娘子，并左邻朱台官娘子、崔亲家母，并两个外甥侄女儿——段大姐及吴舜臣媳妇儿郑三姐。（第四十一回）

左邻范纲，右邻孙纪，保甲王宽儿。（第九十二回）

《金瓶梅词话》中“左×”的句法功能分布情况见下表：

形式	句法功能				
	定语	主语	中心语	宾语	同位语
左×	12	9	2	8	3
比重	35.3%	26.5%	5.9%	23.5%	8.8%

（四）“左”类合成方位词的句法功能分布

“左”类合成方位词有派生式合成方位词和复合式合成方位词两种情况。“左”类派生式合成方位词在《金瓶梅词话》中仅有“左边”一类，共有9例，例如：

郓哥道：“我笑你只会扯我，却不道咬下他左边的来！”（第五回）

你便挑着担儿只在左边等我。（第五回）

月娘道：“这左边额头略低了些儿。他的眉角，比这眉角儿还弯些。亏这汉子，揭白怎的画来？”（第六十三回）

这五戒禅师，在家年方三十一岁，身不满五尺，形容古怪，左边瞽一目，自幼聪明。（第七十三回）

王三官必不得已，左边垂首坐了。（第七十六回）

第二日，陈经济来到，左边邻人说：“你还敢庙里去？你师父因为你，如此这般，得了口重气，昨夜三更鼓死了。”（第九十四回）

可见，到了《金瓶梅词话》时期，“左”的使用频率增加，“左”的句法功能以作定语为主，方位短语“×左”在这一时期出现了表人身体部位的情况，如“心左”，“左×”形式在句中以作定语和主语为主，且出现了“左×”作同位语的情况。此外，这一时期派生式合成方位词“左边”大量出现，在句中主要作定语和状语。

二、“右”的句法功能演变

(一)“右”的句法功能分布

发展到《金瓶梅词话》时期，单纯方位词“右”在句中主要作定语。《金瓶梅词话》中“右”在句中单独作定语的有17例，例如：

左手扶起武大，右手把药便灌。(第二十四回)

作宾语的有3例：

刘内相居左，薛内相居右，每人膝下放一条手巾。(第三十一回)
当下蔡御史让宋御史居左，他自在右，西门庆垂首相陪。(第四十九回)
黄主事居左，安主事居右，西门庆主位相陪。(第五十一回)

作主语的有1例：

又寻起秋菊的不是来，看着那鞋，左也恼，右也恼。(第五十八回)

作状语的有8例，例如：

但凡世上养汉的婆娘，饶他男子汉十八分精细，吃他几句左话儿右说，十个九个都着了道儿。(第二十五回)

因恐怕西门庆出来撞见，连那算帐的事情也不吆呼，两只眼又像老鼠儿见了猫来，左顾右盼，提防着，又没个方便，一溜烟自出去了。(第五十七回)

《金瓶梅词话》中“右”的句法功能分布情况见下表：

形式	句法功能			
	定语	宾语	主语	状语
右	17	3	1	8
比重	58.6%	10.3%	3.4%	27.6%

(二)“右×”的句法功能分布

发展到《金瓶梅词话》时期，“右×”在句中主要作主语。《金瓶梅词话》中“右×”在句中作主语的例句有8例，例如：

左手执着藤棍，右手泼步撩衣，长声道子一声喝道而来，下路端的吓魄消魂，陡然市衢澄静。（第七十回）

说由未了，武松把刀子乞查的插在桌子上，用左手揪住妇人云髻，右手匹胸提住，把桌子一脚踢番，碟儿盏儿都落地打得粉碎。（第八十七回）

右腮一点黑痣，一生受夫敬爱。（第二十九回）

作定语的有3例：

左势下，天仓与地库相连；右势下，金山与银山作队。（第六十五回）

左边厢九姊十妹美人，图画丹青；右首下九曜八洞神仙，妆成金碧。（第七十八回）

左侍下玉簪朱履，右侍下紫绶金章。（第八十四回）

作宾语的有4例：

武松按在坑里，腾出右手，提起拳头来，只顾狠打。（第一回）

你们却不晓的，西门大官家里豪富泼天，金银广布，身居着右班左职。（第五十五回）

这赵胎衣先诊其左手，次诊右手，便教："老夫人，抬起头来看看气色。"（第六十一回）

早飞起右脚，只听忒楞的一声，把手中刀子踢落一边。（第九十九回）

作同位语的有3例：

并昨日三法司会问，都是右相李爷秉笔，称杨老爷的事，昨日内里消息出来，圣上宽恩，另有处分了。（第十八回）

左邻范纲，右邻孙纪，保甲王宽儿。（第二十六回）

山东守御府为失盗事，仰巡检司官连人解缴。右差虞候张胜、李安。（第九十五回）

《金瓶梅词话》中“右×”的句法功能分布情况见下表：

形式	句法功能			
	主语	定语	宾语	同位语
右×	8	3	4	3
比重	44.4%	16.7%	22.2%	16.7%

（三）“右”类合成方位词的句法功能分布

《金瓶梅词话》中“右”类合成方位词可分为派生式合成方位词“右边”和复合式合成方位词“左右”两种。“右边”共5例，例如：

傍边一席李三和黄四，右边是他姊妹二人。（第六十八回）

迎春便紧挨着他坐，如意坐在右边炕头上。（第七十八回）

这来保一日同他妻弟刘仓，往临清马头上，将封寄店内布货，尽行卖了八百两银子，暗买下一所房子在外边，就来刘仓右边门首开杂货铺儿。（第八十一回）

可见，到了《金瓶梅词话》时期，单纯方位词“右”在句中主要作定语，且“右×”在句中多作主语，新出现了“右×”在句中作同位语的情况。这一时期“右”类合成方位词中派生式合成方位词“右边”大量出现，同时“右边”在句中多作定语。

三、“左右”的句法功能演变

发展到《金瓶梅词话》中，“左右”合用的例子变得多了起来。

《金瓶梅词话》中“左右”合用在句中主要作主语，这样的有60例，例如：

那春梅等四个就要往后走，被西门庆喝住，说道：“左右只是你应二爹，都来见见罢，躲怎的！”（第二十二回）

说毕，适有吴大舅、二舅到，作了揖，同坐下，左右放桌儿摆饭。（第三十一回）

门首同下了马，进到厅上叙礼，请入卷棚里，宽了衣服，左右拿茶上来吃了。（第四十七回）

吃毕饭，二人正在厅上着棋，忽左右来报：“府里翟爹那里差人送下程来了，抓寻到崔老爹那里，崔老爹使他来这里来了。”（第七十一回）

作宾语的有34例，例如：

左右尽皆屏去，不许一人在左右。（第六十二回）

因唤左右：“叫你宋老爹承差上来。”（第六十五回）

即令左右：“取那件物事，与娘子看。”（第一百回）

作状语的有52例，例如：

你也不要管他，左右是我，随他把我怎么的罢！（第二十回）

李瓶儿道：“左右今日你娘不在，你吃上一钟儿怕怎的？”（第三十四回）

左右迎凑，天河织女遇牛郎；上下盘旋，仙洞娇姿逢阮肇。（第三十七回）

作兼语的有54例，例如：

不觉日色沉西，蔡九知府见天色晚了，即令左右穿衣，告辞。（第七十四回）

因观看左右无人，悄悄说：“你既有心，奴亦有意。”（第九十二回）

朱太尉令左右抬公案，就在当厅一张虎皮校椅上坐下，分付出来，先令各勋戚中贵仕宦家人吏书人等，送礼的进去。（第七十回）

作同位语的有1例：

也守着一库金银，左右侍从伏侍。（第四十六回）

作中心语的有5例，例如：

傍边左右祗应人等，把礼物尽行收下去。（第三十回）

铺排引西门庆进坛里，向三宝案左右两边上香。（第三十九回）

此外，《金瓶梅词话》中还出现了“左右”与数字结合形成助词结构的情况①，这样的仅有1例：

只他一个浑家，年纪只好二十左右，生的十分美貌，又有两个孩子，才三四岁。（第五十六回）

《金瓶梅词话》中“左右”的句法功能分布情况见下表：

形式	句法功能						
	主语	宾语	状语	兼语	同位语	中心语	助词
左右	60	34	52	54	1	5	1
比重	29.0%	16.4%	25.1%	26.1%	0.5%	2.4%	0.5%

① 胡裕树先生认为“左右”置于数字后表示概数，我们同意这种说法，此处“左右”置于“二十”后是一种表概数的助词结构。

《金瓶梅词话》中还新出现了“左左右右”① 一词：

锦衣花帽，擎着的是圆盖伞、方盖伞，上上下下开展；玉节龙蟠，驾着的是金辂辇、玉辂辇，左左右右相陈。（第七十一回）

这一时期“左右”合用的例句大量涌现，且句法功能种类也有所增加，新增加了“左右”在句中作助词、兼语和同位语等的情况。在用例比重上，这一时期“左右”主要作主语，作兼语的情况也大量涌现，多用于“左右”表“近侍”的例句中，“左右”作状语的比重也大幅度增加。《金瓶梅词话》时期还出现了“左右”用于助词结构中的情况。此外，这一时期新出现了复合方位词“左左右右”，且在句中作状语，《金瓶梅词话》中没有出现“左右”作定语的情况。

第三节 “东”“西”“南”“北”的语义演变

一、“东”的语义演变

发展到《金瓶梅词话》时期，“东”仍以表体词性语义“东边”为主。《金瓶梅词话》中“东”表体词性语义“东边”的共有142例，例如：

老身直去县东街，那里有好酒买一瓶来，有好一歇儿耽搁。（第四回）
日坠西山月出东，百年光景似飘蓬。（第十五回）
少顷，只见一个青衣人慌慌打太师府中出来，往东去了。（第十八回）

表饰词性语义“向东”的有13例，例如：

看看天晚，玉兔东生，楼上点起灯来，两个唱的弹唱饮酒，不在话下。（第十五回）
于是故意东倒西歪，教两个扶归家去了。（第十三回）
不一时，碧天云静，一轮皓月东升之时，街上游人十分热闹。（第四十六回）
万里长洪水似倾，东流海岛若雷鸣。（第四十七回）

表谓词性语义“东行”的有5例，例如：

① 这里的“左左右右”是“左右”复合而来，这种由“AB”复合为“AABB”的形式始见于唐宋，盛于金元。

彼此让了半日，乔五太太坐了首座，其余客东主西，两分头坐了。（第四十三回）

《金瓶梅词话》中“东”的语义分布情况见下表：

参数	语义类别		
	体词性语义“东边”	饰词性语义“向东”	谓词性语义“东行”
数量	142	13	5
比重	88.8%	8.1%	3.1%

可见，这一时期“东”大量出现，仍主要表体词性语义“东边”，但比重有所增加。

二、“西”的语义演变

发展到《金瓶梅词话》时期，“西”的语义类别没有发生很大变化。

《金瓶梅词话》中“西”主要表体词性语义“西边”，这样的有133例，例如：

投天明出西门，径上东京去了。（第八十一回）

这回西门庆性命有如落日已沉西岭外，却被扶桑唤出来。（第十八回）

新近收拾大厅西厢房一间做书房，内安床几、桌椅、屏帏、笔砚、琴书之类。（第三十一回）

表饰词性语义的情况仍可分为“向西”和“自西”两种。“西”表“向西”的有11例，例如：

又一件，应二哥，银子便与他，只不叫他打着我的旗儿，在外边东诓西骗。（第三十八回）

当下直吃到炎光西坠、微雨生凉的时分，春梅拿起大金荷花杯来相劝。（第九十七回）

表“自西”的仅有1例：

人人不识西来意，呀的一声孕男女。（第三十九回）

表谓词性语义“西行”的有21例，例如：

到日西时分，西门庆庙上来，袖着四两珠子，进入房中，一见便问：“怎的来?”（第十一回）

看看留连到日西时分，轿子来接，李瓶儿告辞归家。（第十四回）

《金瓶梅词话》中“西”的语义分布情况见下表：

参数	语义类别			
	体词性语义“西边”	饰词性语义		谓词性语义“西行”
		向西	自西	
数量	133	11	1	21
比重	80.1%	7.2%		12.7%

可见，这一时期“西”的语义类别仍以表体词性语义“西边”为主，且谓词性语义“西行”的比重增加，多指太阳的轨迹。

三、“南”的语义演变

发展到《金瓶梅词话》时期，“南”仍以表体词性语义“南边”为主。《金瓶梅词话》中“南”表体词性语义“南边”的共有150例，例如：

南街子又占着窠子卓二姐，名卓丢儿。（第二回）

这位娘子，说起来你老人家也知道，是咱这南门外贩布杨家的正头娘子。（第七回）

因在李知县衙内吃酒，看见有一起苏州戏子唱的好，问书童儿，说在南门外磨子营儿那里住。（第三十六回）

于是把酒都斟，拿住南腔，拍手唱道……（第三十六回）

表饰词性语义的共14例。其中12例表“向南”，例如：

乃者张达残于太原，为之张皇失散；今虏犯内地，则又挈妻子南下，为自全之计。（第十七回）

兹者中原陆沉，犬羊犯顺，辽寇拥兵西扰，金虏控骑南侵，生民涂炭，朕甚悯焉。（第九十九回）

未几，年兄省亲南旋，复闻德音，知年兄按巡齐鲁，不胜欣慰。（第四十八回）

表“自南”的仅有2例：

祝融南来鞭火龙，火云焰焰烧天空。(第二十七回)
撇的俺一个儿南来，一个儿北去。(第四十四回)

表谓词性语义“南行”的仅1例：

还来甚么韩大婶、毬大婶，贼狗攮的养汉的淫妇，把人家弄的家败人亡，父南子北，夫逃妻散的，还来上甚么毬纸！(第八十回)

《金瓶梅词话》中“南”的语义分布情况见下表：

参数	语义类别			
	体词性语义“南边”	饰词性语义		谓词性语义“南行”
		向南	自南	
数量	150	12	2	1
比重	90.9%	8.5%		0.6%

这一时期“南”的语义类别仍以表体词性语义“南边”为主，同时“南”的饰词性语义在这一时期表现出双向性，且出现了“南”表谓词性语义“南行”的情况。

四、“北”的语义演变

发展到《金瓶梅词话》时期，“北”主要表体词性语义“北边”。
《金瓶梅词话》中“北”表体词性语义“北边”的共46例，例如：

坐南朝北，一间门楼，粉青照壁。(第七回)
正北三间书院，四面都是粉墙，台榭湖山，盆景花木，房内绛烛高烧，叠席床帐锦幔……(第七十一回)
一日，不想北国大金皇帝灭了辽国，又见东京钦宗皇帝登基，集大势番兵，分两路寇乱中原。(第一百回)

表饰词性语义的共9例。其中表“向北”的共8例，例如：

国师林灵素，佐国宣化，远致神运，北伐谋略，实与天通……(第七十回)

且说吴月娘与吴二舅众人在永福寺住了，那到十日光景，果然大金国立了张邦昌在东京称帝，置文武百官，徽宗、钦宗两君北去。（第一百回）

表“自北”的仅1例：

穷途无奔更无投，南去北来休便休。（第九十四回）

表谓词性语义“北行”的仅1例：

还来甚么韩大婶、毬大婶，贼狗攮的养汉的淫妇，把人家弄的家败人亡，父南子北，夫逃妻散的，还来上甚么毬纸！（第八十回）

《金瓶梅词话》中“北”的语义分布情况见下表：

参数	语义类别			
	体词性语义“北边”	饰词性语义		谓词性语义“北行”
		向北	自北	
数量	46	8	1	1
比重	82.1%	16.1%		1.8%

可见，这一时期“北”的语义类别仍以表体词性语义“北边”为主，同时饰词性语义表现出双向性，出现了谓词性语义“北行”，且“北”多与“南”并举出现。

第四节 “东”“西”“南”“北”的句法功能演变

一、“东”的句法功能演变

（一）“东”的句法功能分布

发展到《金瓶梅词话》时期，单纯方位词“东”在句中主要作定语。《金瓶梅词话》中“东”在句中单独作定语的有82例，例如：

这婆子拜辞，出县前来到东街口，正往勾栏那条巷去。（第八回）

教吴月娘安排酒饭，管待女儿、女婿；就令家下人等，打扫厅前东厢房三间，与他两口儿居住。（第十七回）

爹今日和应二叔每，都在院里吴家吃酒，散的早了，来在东街口上，撞遇冯妈妈。(第十八回)

作宾语的有20例，例如：

虽然有这小丫头迎儿，奴家见他拿东拿西，蹀里蹀斜，也不靠他。(第二回)

往东看，雕漆床，螺钿床，金碧交辉；向西瞧，羊皮灯，掠彩灯，锦绣夺眼。(第十五回)

平昔这妇人嘴儿乖，常在门前站立，买东买西，赶着傅伙计叫傅大郎，陈经济叫姑夫，贲四叫老四。(第二十三回)

作主语的有3例：

脸上搽着一面铅粉，东一块白，西一块红，好似青冬瓜一般。在人根前轻声浪颡，做势拿班。(第九十一回)

想着去了的来旺儿小厮，好好的从南边来了，东一帐西一帐，说他老婆养着主子，又说他怎的拿刀弄杖，成日做贼哩，养汉哩，生生儿祸弄的打发他出去了，把个媳妇又逼临的吊死了。(第二十九回)

这安进士亦因家贫未续亲，东也不成，西也不就，辞朝还家续亲，因此二人同船来到新河口。(第三十六回)

作状语的有13例，例如：

家中没人，待老身东摈西补的来，早晚也替他寻下个儿。(第三回)

西门庆走到月娘这边房里，亦东倒西歪，问月娘打发他那里歇。(第十四回)

作中心语的有10例，例如：

呀，则听的辘轳声在粉墙东，早鸦啼金井下梧桐。(第七十二回)

何太监道：“舍下在天汉桥东文华坊双狮马台就是。”(第七十回)

作谓语的有7例，例如：

日落水流西复东，春光不尽柳何穷。(第五十九回)

兔走乌飞西复东，百年光景似风灯。(第六十五回)

谁承望今日各自分散，你东我西。(第九十二回)

清浊几番随运转，辟开数劫任西东。(第五十七回)

只有都门楼上月，照人离恨各西东。(第一百回)

《金瓶梅词话》中“东”的句法功能分布情况见下表：

形式	句法功能					
	定语	宾语	主语	状语	中心语	谓语
东	82	20	3	13	10	7
比重	60.7%	14.8%	2.2%	9.6%	7.4%	5.2%

可见，这一时期“东”在句中主要作定语，且作定语的情况占优势；“东”的句法功能种类在这一时期也有所增加，出现了“东”在句中作主语的情况。《金瓶梅词话》中“东”作谓语的比重也有所增加，且多与“西”并举使用。

（二）“×东”的句法功能分布

发展到《金瓶梅词话》时期，方位短语“×东”在句中主要用于具体地名中。

《金瓶梅词话》中“×东”在句中作定语的有1例：

太原府刘崇拒北方，我只待暂离丹凤厥亲拥碧油幢，先取那河东的上党。（第七十一回）

作状语的有2例：

又河东水西，捉拿强盗贼情，正在他手里。（第九十五回）

正东①看，隐隐青螺堆岱岳；正西瞧，茫茫苍雾锁皇都；正北观，层层甲第起朱楼；正南望，浩浩长淮如素练。（第九十八回）

作中心语的有3例：

燕游堂前，金灯花似开不开；藏春阁后，白银杏半放不放；平野桥东，几朵粉梅开卸；卧云亭上，数株紫荆未吐。（第十九回）

西门庆道：“门外街东徐四铺少我银子，我那里挪五百两银子与他罢。”（第五十一回）

---

① 常见的“正”“大”“远”“近”等形容词出现在典型标之前，与典型标之间不是黏结性的，而是一般性质的组合，即这些形容词修辞典型标。详见储泽祥．现代汉语方所系统研究［M］．2版．武汉：华中师范大学出版社，2003.

何太监道：“舍下在天汉桥东文华坊双狮马台就是。”（第七十回）

作宾语的有4例：

麝煤香霭绣芙蓉，凤蜡光摇金蝃蝀，象床春暖花胡洞。（第七十二回）

呀，则听的辘轳声在粉墙东，早鸦啼金井下梧桐。（第七十二回）

霸王败向江东取救，因舍虞姬不得，又闻四面皆楚歌，事发，叹曰……（第一回）

我今日就参你，在我这县里做个巡捕的都头，专一河东水西擒拿盗贼。（第一回）

《金瓶梅词话》中“×东”的句法功能分布情况见下表：

形式	句法功能			
	定语	状语	中心语	宾语
×东	1	2	3	4
比重	10%	20%	30%	40%

这一时期方位短语“×东”在句中主要作中心语，且“×”大多是“桥”“江”等具体地名。

（三）“东×”的句法功能分布

发展到《金瓶梅词话》时期，“东×”比较常用。

《金瓶梅词话》中“东×”在句中主要作定语，这样的有35例，例如：

那婆子笑道：“官人，你养的外宅，东街上住的，如何不请老身去吃茶？”（第三回）

我只道叫俺两个往东洋大海里拔苍龙头上角，西华岳山中取猛虎口中牙，便去不得。（第十九回）

学生贱名倪鹏，字时远，号桂岩，见在府庠备数，在我这东主夏老先生门下，设馆教习贤郎大先生举业。（第五十一回）

“东×”在句中作中心语的有11例，例如：

众亲朋陪西门庆穿素服走至大街东口，将及门上，才上头口。（第五十九回）

西门庆与应伯爵、吴大舅、温秀才，在棚内东首，另设围屏饮酒。（第六十五回）

此是岱岳东峰，这洞名唤雪涧洞，贫僧就叫雪洞禅师，法名普静，在此修行二三十年。（第八十四回）

一日，钞关上纳了税，放船过来，在新河口起脚装车，往清河县城里来，家中东厢房卸下。（第八十一回）

作宾语的有24例，例如：

转过东街口，只见天上纷纷扬扬，飘下一天瑞雪来。（第七十七回）

还有生姐儿孙二娘，在东厢房住。（第八十七回）

作主语的有9例，例如：

正景姐姐分付的曲儿不教唱，且东沟犁西沟耙，支使的个小王八子乱烘烘的，不知依那个的是。（第七十三回）

天与胭脂点绛唇，东风满面笑欣欣。（第五十回）

看看红日西沉，东邻西舍一个个烧汤煮饭，一个个上槅关门。（第五十七回）

作状语的有3例：

西门庆分付前厅仪门里东厢房那里听候，中厅、西厢房与海盐子弟做戏房。（第七十五回）

难按纳，公孙弘东阁闹喧哗。（第七十五回）

西门庆道：“虽是两匹东路来的马，鬃尾丑，不十分会行，论小行也罢了。”（第四十三回）

《金瓶梅词话》中“东×”的句法功能分布情况见下表：

形式	句法功能				
	定语	中心语	宾语	主语	状语
东×	35	11	24	9	3
比重	42.7%	13.4%	29.3%	11.0%	3.7%

与《元刊杂剧三十种》时期相比，这一时期“东×”的句法功能种类增加，“东×”的用例也整体增加，且“东×”在句中作定语的比重超过了作

宾语的比重，作中心语的比重也显著提高。

（四）“东”类合成方位词的句法功能分布

发展到《金瓶梅词话》时期，“东”类合成方位词大量涌现。《金瓶梅词话》中“东”类合成方位词共出现了24例。

派生式合成方位词有10例。

“东方”有6例，例如：

胡乱眺了一回，看看五更鸡叫，东方将明。（第九回）

窗外鸡叫，东方渐白，西门庆恐怕子虚来家，整衣而起。（第十三回）

东方晓日初升，北陆残烟乍敛。（第六十五回）

“东边”有3例：

只听东边咚咚鼓来响动，原来本尉八员太尉堂官。（第七十回）

正是：东边日出西边雨，道是无情却有情。（第十九回）

不料西门庆外边又刮刺上了王六儿，替他狮子街石桥东边，使了一百二十两银子，买了一所门面两间、倒底四层房屋居住。（第三十九回）

“东头”有1例：

温师父，再写两个帖儿：大娘的名字，如今请东头乔亲家娘和大妗子去。（第七十二回）

“东”类复合式合成方位词共有14例。其中反向对举式合成方位词“东西”有4例，例如：

南北两京打戏台，东西两广无敌手。（第九十回）

东西下回光返照，南北处亲到家乡。（第七十四回）

“东南”有6例，例如：

诏云中、陕西、山西三边，上纳粮草，关领旧盐钞，易东南淮浙新盐钞。（第四十九回）

也是一个男伤，两个女伤，领他到东南上方去。（第五十三回）

西门庆见帖儿上写“新升东南统制兼督漕运总兵官荆忠顿首拜”，慌的西门庆令抬开饭桌，连忙穿衣，冠带迎接出来。（第七十八回）

“东北”有2例：

死者熬高三丈，向东北方而去，遇日游神冲回不出，斩之则吉，亲人勿

避。(第五十九回)

昨日立冬，万岁出来祭太庙，太常寺一员博士，名唤方轸，早辰直着打扫，看见太庙砖缝出血，殿东北上地陷了一角，写表奏知万岁。(第六十四回)

“东南西北”有1例：

一走出去，东南西北，都看得眼花了，那得董娇儿的魂灵，望空骂道：“贼淫妇，在二爷面上这般的拔短梯，乔作衙哩!”(第五十四回)

“南北东西”有1例：

昆仑顶上转大千沙界，古弥陀分南北东西。(第三十九回)

《金瓶梅词话》中“东”类合成方位词的句法功能分布情况见下表：

形式	句法功能							
	派生式合成方位词			复合式合成方位词				
	东方	东边	东头	东西	东南	东北	东南西北	南北东西
东	6	3	1	4	6	2	1	1
比重	25%	12.5%	4.2%	16.7%	25%	8.3%	4.2%	4.2%

可见，这一时期“东”类合成方位词逐渐丰富起来，更加接近现代汉语中“东”类合成方位词的形式。“东”类派生式合成方位词比重增加，且以“东方”最为常见。复合式合成方位词中新出现了方位词“东南西北”。

二、“西”的句法功能演变

(一)“西”的句法功能分布

发展到《金瓶梅词话》时期，“西”的句法功能以作定语为主。

《金瓶梅词话》中“西”单独作定语的有82例，例如：

投天明出西门，径上东京去了。(第八十一回)

走到西街口上，撞见冯妈妈，问道：“冯妈妈那里去?”(第十七回)

又分付翟谦西厢房管待酒饭，讨十两银子与他二人做路费，不在话下。(第三十回)

当下李瓶儿哭了一回，把官哥儿抬出停在西厢房内。(第五十九回)

作宾语的有18例，例如：

日落水流西复东，春风不尽折何穷。(第五十九回)

经济道：“出了东大街，一直往南去，过了同仁桥牌坊；转过往东，打王家巷进去，半中腰里有个发放巡捕的厅儿，对门有个石桥儿；转过石桥儿，紧靠着个姑姑庵儿；旁边有个小胡同儿；进小胡同往西走，第三家豆腐铺隔壁上坡儿，有双扇红封门儿的，就是他家。你只叫文妈，他就出来答应你。”(第六十八回)

差何人镇守西？命何人定两广？(第七十一回)

春梅道：“月儿大倒西，也有三更天气。”(第七十三回)

不觉日色沉西，蔡九知府见天色晚了，即令左右穿衣，告辞。(第七十四回)

作主语的有3例，例如：

脸上搽着一面铅粉，东一块白，西一块红，好似青冬瓜一般。(第九十一回)

作状语的有12例，例如：

又画出耕图，郊原外东阡西陌。(第五十五回)

上司迎接，东走西奔，思量为你，一世惊惊下下受了苦干若辛，一年四季零零碎碎被人赖了多少束脩银。(第五十六回)

暑往寒来春复秋，夕阳西下水东流。(第九十二回)

兹者中原陆沉，犬羊犯顺，辽寇拥兵西扰，金虏控骑南侵，生民涂炭，朕甚悯焉。(第九十九回)

作中心语的有9例，例如：

金宝便说：“奴就在这桥西酒家店刘二那里。有百十间房子，四外行院窠子，妓女都在那里安下，白日里便来这各酒楼赶趁。”(第九十三回)

作谓语的有21例，例如：

约日西时分，只见酒家店坐地虎刘二，吃的酩酊大醉，鞑开衣衫，露着一身紫肉，提着拳头，走来酒楼下大叫：“采出何蛮子来!”要打。(第九十九回)

彼此让了半日，乔五太太坐了首座，其余客东主西，两分头坐了。(第六

十三回)

暑才消大火即渐西，斗柄往坎官移。(第五十八回)

到日西时分，西门庆庙上来，袖着四两珠子，进入房中，一见便问：“怎的来?”(第十一回)

伊西我在东，何日再逢?(第六十一回)

《金瓶梅词话》中“西”的句法功能分布情况见下表：

形式	句法功能					
	定语	宾语	主语	状语	中心语	谓语
西	82	18	3	12	9	21
比重	56.6%	12.4%	2.1%	8.3%	6.2%	14.5%

可见，这一时期“西”单独作句法成分的句法功能种类增加，出现了“西”单独作主语的情况。这一时期“西”仍然以单独作定语为主，且作定语的比重有所增加，与《元刊杂剧三十种》时期相比，这一时期“西”单独作谓语的比重增加，作状语的比重大幅度降低。

(四)“×西”的句法功能分布

发展到《金瓶梅词话》时期，“×西”在句中主要作宾语，这样的例句有4例，例如：

我今日就参你，在我这县里做个巡捕的都头，专一河东水西擒拿盗贼。(第一回)

武大不觉又寻紫石街西王皇亲房子，赁内外两间居住，依旧买炊饼。(第一回)

野径疏篱，阵阵香风来燕子；小园幽砌，纷纷晴雨过林西。(第五十五回)

作定语的有3例，例如：

金宝便说：“奴就在这桥西酒家店刘二那里。有百十间房子，四外行院窠子，妓女都在那里安下，白日里便来这各酒楼赶趁。”(第九十三回)

他丈人是河西有名土豪白五，绰号白千金，专一与强盗作窝主，教唆冯二，具状在巡按衙门朦胧告下来，批雷兵备老爹问。(第六十七回)

作主语的仅有1例：

又河东水西，捉拿强盗贼情，正在他手里。（第九十五回）

作状语的有1例：

正东看，隐隐青螺堆岱岳；正西瞧，茫茫苍雾锁皇都；正北观，层层甲第起朱楼；正南望，浩浩长淮如素练。（第九十八回）

《金瓶梅词话》中“×西”的句法功能分布情况见下表：

形式	句法功能			
	宾语	定语	主语	状语
×西	4	3	1	1
比重	44.4%	33.3%	11.1%	11.1%

可见，《金瓶梅词话》时期“×西”在句中仍主要作宾语和定语，新出现了“×西”在句中作状语的情况。

（三）“西×”句法功能分布

发展到《金瓶梅词话》时期，“西×”大量涌现。《金瓶梅词话》中“西×”共有82例。

“西×”在句中作定语的有41例，例如：

武大自从搬到县西街上来，照旧卖炊饼。（第一回）
西门庆就把西厢房里收拾三间，与他做房。（第七回）
妇人走于西角门首，暗暗使丫鬟绣春……（第十三回）
在房里看了一回，把孟玉楼拉出来，两个站在西梢间檐柱儿底下那里歇凉，一处说话。（第三十回）

“西×”在句中作中心语的有8例，例如：

这乐三就住在狮子街石桥西首，韩道国家隔壁，门面一间，到底三层房儿居住。（第四十七回）
咱闻那佛祖西天，也止不过要黄金铺地；阴司十殿，也要些楮镪营求。（第五十七回）
恐怕他两个看见，就不往西街去看大灯，只到卖纱灯的跟前就回了。（第

十五回）

……衣服首饰妆束出来，在前厅西厢房，教李娇儿兄弟乐工李铭来家，教演习学弹唱。（第二十一回）

作宾语的有24例，例如：

只落下李铭，在西厢房吃毕酒饭。（第二十二回）

说话唱了，看看晚来，正是：金乌渐渐落西山，玉兔看看上画阑；佳人款款来传报，报到月移花影上纱窗。（第四十六回）

王姑子道：“观音菩萨既听其法，昔日有六祖禅师传灯佛，教化行西域，东归不立文字，如何苦功，愿听其详。”（第五十一回）

正是：醉后不知天色暝，任他明月下西楼。（第二十五回）

作主语的有6例，例如：

昨夜西风鼓角喧，晓来隆冻怯寒毡。（第七十回）

只恐西风又惊秋，暗中不觉流年换。（第二十七回）

西厢房做戏房，管待酒饭；堂客到时，吹打迎接。（第四十二回）

作状语的有2例：

山根鞋履，是福州染到深青；九缕丝绦，系西地买来真紫。（第八十九回）

乃西域移来之种，隐甘泉珍玩之芳。（第二十七回）

作同位语的仅有1例：

见厅上面设放两张桌席，让西门庆居左，其次就是西宾倪秀才。（第五十一回）

《金瓶梅词话》中“西×”的句法功能分布情况见下表：

形式	句法功能					
	定语	中心语	宾语	主语	状语	同位语
西×	41	8	24	6	2	1
比重	50%	9.8%	29.3%	7.3%	2.4%	1.2%

可见，这一时期“西×”的句法功能类型大量增加，新出现了“西×”

在句中作同位语的情况。《元刊杂剧三十种》时期"西×"在句中主要作宾语，到了《金瓶梅词话》时期，"西×"作定语的比重大大超过了作宾语的比重。

（四）"西"类合成方位词的句法功能分布

发展到《金瓶梅词话》时期，"西"类合成方位词大量出现。《金瓶梅词话》中"西"类合成方位词共出现了21例。

派生式合成方位词有13例：

"西方"有10例，例如：

此辈若皆成佛道，西方依旧黑漫漫。（第四十回）

中间打扮念弥陀，开口儿就说西方路。（第五十七回）

我们佛祖留下一卷《陀罗经》，专一劝人法西方净土的。（第五十七回）

唯有西方极乐世界，这是阿弥陀佛出身所在，没有那春夏秋冬，也没有那风寒暑热，常常如三春时候，融和天气。（第五十七回）

每日家，向西方，烧香礼拜；面念颜，并宝卷，持念《金刚》。（第七十四回）

空色色空，谁见众生离下土；去来来去，何曾接引到西方。（第八十八回）

"西边"有3例，例如：

少顷雨止，天外残虹，西边透出日色来。（第二十七回）

就西边坐地吃茶。翟管家慌跑出门来，叫抬礼物的都进来。（第五十五回）

"西"类复合式合成方位词共有8例。反向对举式复合方位词"东西"共4例，例如：

一来一往，一冲一撞东西探。（第二十九回）

教我改了两句，说道：如借债人东西不在，代保人门面南北躲闪。（第四十二回）

"西南"有1例：

今日丙子，月令戊戌，犯天地往亡日，重丧之日，煞高一丈，向西南方而去，遇太岁煞冲迎斩之局，避本家，忌哭声，成服后无妨。（第六十二回）

“西北”有1例：

正饮酒中间，忽见云生东南，雾障西北，雷声隐隐，一阵大雨来，轩前花草皆湿。（第二十七回）

“南北东西”有1例：

昆仑顶上转大千沙界，古弥陀分南北东西。（第三十九回）

“东南西北”有1例：

一走出去，东南西北，都看得眼花了，那得董娇儿的魂灵，望空骂道：“贼淫妇，在二爷面上这般的拔短梯，乔作衙哩！”（第五十四回）

《金瓶梅词话》中“西”类合成方位词的句法功能分布情况见下表：

形式	句法功能						
	派生式合成方位词		复合式合成方位词				
	西方	西边	东西	西南	西北	南北东西	东南西北
西	10	3	4	1	1	1	1
比重	47.6%	14.3%	19.0%	4.8%	4.8%	4.8%	4.8%

可见，这一时期“西”类合成方位词中，派生式合成方位词“西方”大量涌现，在“西”类合成方位词中所占比重最大。复合式合成方位词的种类增加，但总体上比重降低，同时这一时期出现了复合式合成方位词与“方”结合的情况，如“西南方”。

三、“南”的句法功能演变

（一）“南”的句法功能分布

发展到《金瓶梅词话》时期，“南”在句中主要作定语。

《金瓶梅词话》中“南”单独作定语的共76例，例如：

听南楼，塞雁声哀伤怀。（第三十五回）

书童便妆扮在旁边斟酒唱南曲。（第三十五回）

因在李知县衙内吃酒，看见有一起苏州戏子唱的好，问书童儿，说在南门外磨子营儿那里住。（第三十六回）

作中心语的有29例，例如：

郑爱香儿道：“不要理这望江南巴山虎儿，汗东山斜纹布。”（第三十二回）
话说江南扬州广陵城内，有一苗员外，名唤苗天秀。（第四十七回）

作宾语的有13例，例如：

征雁向南飞，雁归人未归。想象腰围，做就寒衣，又不知他在那里贪恋着。（第七十五回）

那冯金宝又和西门大姐扭南面北，自从经济出门，两个合气直到如今。（第九十二回）

坐南朝北，一间门楼，粉青照壁。（第七回）

作状语的有13例，例如：

因秦始皇无道，南修五岭，北筑长城，东填大海，西建阿房，并吞六国，坑儒焚典。（第一回）

祝融南来鞭火龙，火云焰焰烧天空。（第二十七回）

听叮当砧声满耳，嘹呖呖北雁南还。（第四十九回）

北战南征，贯甲披袍士：舍死忘生，报效于国家。（第六十六回）

识者以为将来数贼必覆天下，果到宣和三年，徽、钦北狩，高宗南迁，而天下为虏，有可深痛哉！（第七十回）

作谓语的有1例：

还来甚么韩大婶，毬大婶，贼狗攮的养汉的淫妇，把人家弄的家败人亡，父南子北，夫逃妻散的，还来上甚么毬纸！（第八十回）

《金瓶梅词话》中“南”的句法功能分布情况见下表：

形式	句法功能				
	定语	中心语	宾语	状语	谓语
南	76	29	13	13	1
比重	57.6%	22.0%	9.8%	9.8%	0.8%

可见，这一时期单纯方位词“南”仍然以作定语为主，且作定语的比重有所上升，在“南”的句法功能中占据优势。“南”作中心语的比重有所下

降。《金瓶梅词话》时期“南”的句法功能种类增加，“南”单独作宾语的句子大量出现。

（二）“南×”的句法功能分布

发展到《金瓶梅词话》时期，“南×”的句法功能情况有了很大变化。

《金瓶梅词话》中“南×”在句中主要作宾语，这样的有42例，例如：

张二官见他生的清秀，又会唱南曲，就留下他答应。（第八十七回）

于是买了四盘下饭，宰了一口鲜猪，一坛南酒，一匹纻丝尺头，薛嫂押着，来守备府中致谢春梅。（第九十五回）

圣旨下来，拿送南牢问罪。（第十七回）

常作定语，这样的有25例，例如：

这潘金莲，却是南门外潘裁的女儿，排行六姐。（第一回）

南山竹罄难书罪，东海波干臭未遗。（第七十回）

“南×”在句中作中心语的仅有1例：

西门庆因戏道：“他南人的营生，好的是南风，你每休要扭手扭脚的。”（第四十九回）

“南×”在句中作主语的有3例：

他才教南人梳弄了，还不上一个月。南人还没起身，我怎么好留你？（第三十二回）

此一首诗，单题塞北以车马为常，江南以舟楫为便，南人乘舟，北人乘马，盖可信也。（第四十七回）

北一带都是古董玩器，南壁厢尽皆书画瓶炉。（第十五回）

“南×”在句中作状语的有5例，例如：

今日门外去，因须南溪新升了新平寨坐营，众人和他送行，只刚到家。（第三十五回）

南楼玩赏顿忘归，总有风流得几时。（第四十二回）

夏提刑改换指挥服色，另具手本，参见了朱太尉，免行跪礼，择日南衙到任。（第七十回）

《金瓶梅词话》中“南×”的句法功能分布情况见下表：

形式	句法功能				
	宾语	定语	中心语	主语	状语
南×	42	25	1	3	5
比重	55.3%	32.9%	1.3%	3.9%	6.6%

可见，《金瓶梅词话》时期“南×”在句中以作宾语为主，比重达50%以上，作定语的情况也比较常见。这一时期新出现了“南×”在句中作状语的情况，且“南×”大多为地名和区域名，常译为“在某地”。

（三）“×南”的句法功能分布

发展到《金瓶梅词话》时期，“×南”在句中主要作定语。《金瓶梅词话》中方位短语“×南”共有29例。

作定语的共有18例，例如：

陈经济送到城南永福寺方回。（第九十八回）

三儿说：“你父母去年时就跟了何官人，往江南湖州去了。”（第一百回）

作宾语的有6例，例如：

到次日，西门庆早起，也没往衙门中去，吃了粥，冠带着，骑马拿着金扇，仆从跟随，出城南三十里，径往刘太监庄上来赴席。（第五十二回）

取吴越必须名将，下江南宜用忠良。（第七十一回）

正走中间，也不见路过响板的先生，只见路南远远的一个卦肆，青布帐幔，挂着两行大字：“子平推贵贱，铁笔判荣枯；有人来算命，直言不容情。”（第九十一回）

“×南”在句中作主语的有2例：

督择花石，江南淮北尽灾殃；进献黄杨，国库民财皆匮竭。（第七十回）

张胜说：“就埋在老爷香火院——城南永福寺里，那里有空闲地。葬埋了，回小夫人话去。”（第八十八回）

“×南”在句中作状语的有3例：

韩道国一面把驮垛打开，里面是他江南置的衣裳细软货物；两条搭连内，倒出那一千两银子，一封一封倒在炕上，打开都是白光光雪花银两。（第八十一回）

你们那里晓得，江南此鱼一年只过一遭儿，吃到牙缝里剔出来都是香的。（第五十二回）

正东看，隐隐青螺堆岱岳；正西瞧，茫茫苍雾锁皇都；正北观，层层甲第起朱楼；正南望，浩浩长淮如素练。（第五十二回）

《金瓶梅词话》中“×南”的句法功能分布情况见下表：

形式	句法功能			
	定语	宾语	主语	状语
×南	18	6	2	3
比重	62.1%	20.7%	6.9%	10.3%

《金瓶梅词话》时期“×南”的例句较多，在句中主要作定语，可见这一时期常以定中结构的形式描述具体的地名，“×南”前多分布着比“×”高一级的区域名或地名。

（四）“南”类合成方位词的句法功能分布

发展到《金瓶梅词话》时期，“南”类合成方位词仍可分为派生式合成方位词和复合式合成方位词两类。

《金瓶梅词话》中“南”类派生式合成方位词有17例。其中“南方”有4例，例如：

秋千虽是北方戎戏，南方人不打他，妇女每到春三月，只斗百草耍子。（第二十五回）

此一字，是安镇五方真人云象：东方九炁镇天玉字真文，南方三炁镇天玉字真文，西方七炁镇天玉字真文，北方五炁镇天玉字真文，中央一炁镇天玉字真文。（第三十九回）

再领三碗羹饭，一男伤，二女伤，草船送到南方去。（第五十三回）

“南边”有12例，例如：

你把南边新治来那衣裳，一家分散几件子，裁与俺每穿了罢！（第四十回）

到次日，西门庆衙门中回来，开了箱柜，打开出南边织造的夹板罗段尺头来。（第四十回）

韩道国道：“这里使着了人做卖手，南边还少个人立庄置货，老爹已定还裁派我去。”（第五十九回）

就是后生小郎看着，到明日就到南边去，也知财主和你我亲厚，比别人不同。（第六十一回）

你既是一心在我身上，到明日等卖下银子，这遭打发他和来保起身，亦发留他长远在南边立庄，做个买手。（第六十一回）

你心里还要归你南边去？（第八十七回）

小的待回南边去，又没顺便人带去；这城内寻个人家跟，又没个门路。（第八十七回）

千山万水，又往南边去做甚？（第八十七回）

“南头”有1例：

书童道：“在床南头安放着哩。”（第三十一回）

《金瓶梅词话》中复合式合成方位词共15例。其中反向对举式复合方位词“南北”有6例，例如：

须臾打发出来，才是本卫纪事，南北衙两厢、五所、七司、捉察、讥察、观察、巡察、典牧、直驾、提牢、指挥、千百户等官，各有首领，具手本呈递。（第七十回）

番兵退去，南北分为两朝，中原已有个皇帝。（第一百回）

“南北东西”有1例：

昆仑顶上转大千沙界，古弥陀分南北东西。（第三十九回）

“东南西北”有1例：

一走出去，东南西北，都看得眼花了，那得董娇儿的魂灵，望空骂道：“贼淫妇，在二爷面上这般的拔短梯，乔作衙哩！”（第五十四回）

“西南”有1例：

今日丙子，月令戊戌，犯天地往亡日，重丧之日，煞高一丈，向西南方而去，遇太岁煞冲迎斩之局，避本家，忌哭声，成服后无妨。（第六十二回）

“东南”有6例，例如：

伊鲂洛鲤，诚然贵似牛羊；龙眼荔枝，信是东南佳味。（第十回）

正饮酒中间，忽见云生东南，雾障西北，雷声隐隐，一阵大雨来，轩前

花草皆湿。(第二十七回)

西门庆从衙门中来家，正在上房摆饭，忽有玳安拿进帖儿来，说：“荆老爹升了东南统制，来拜爹。”(第七十八回)

《金瓶梅词话》中“南”类合成方位词的句法功能分布情况见下表：

形式	句法功能							
	派生式合成方位词			复合式合成方位词				
	南方	南边	南头	南北	南北东西	东南西北	西南	东南
南	4	12	1	6	1	1	1	6
比重	12.5%	37.5%	3.1%	18.8%	3.1%	3.1%	3.1%	18.8%

到了《金瓶梅词话》时期，“南”类派生式合成方位词迅速发展，在合成方位词中所占的比重超过了复合式合成方位词。其中，派生式合成方位词“南边”大量涌现，且在句中多作宾语。复合式合成方位词的形式也有所增加，“南”类复合式合成方位词在这一时期无论从句法还是从形式上均逐渐接近于现代汉语中的“南”类复合方位词。

四、“北”的句法功能演变

发展到《金瓶梅词话》时期，单纯方位词“北”在句中仍以作定语为主。

《金瓶梅词话》中“北”作定语的有15例，例如：

正是：饶你有钱拜北斗，谁人买得不无常。(第五十八回)

玉皇殿上，称为符使之名；北极车前，立有天丁之号。(第六十二回)

一日，不想大金人马抢了东京汴梁，太上皇帝与靖康皇帝都被虏上北地去了。(第一百回)

作宾语的有4例，例如：

那冯金宝又和西门大姐扭南面北，自从经济出门，两个合气直到如今。(第九十二回)

坐北朝南三间敞厅，绿油栏杆，朱红牌额，石青填地，金字大书天子御笔钦赐“学士琴堂”四字。(第十八回)

蔡攸道：“你去到天汉桥迤北高坡大门楼处，问声当朝右相、资政殿大学士兼礼部尚书，名讳邦彦的。你李爷，谁是不知道！也罢，我这里还差个人同你去。”（第十八回）

作状语的有9例，例如：

国师林灵素，佐国宣化，远致神运，北伐虏谋，实与天通。（第七十回）

出了东大街，径往南，过同仁桥牌坊，由王家巷进去，果然中间有个巡捕厅儿，对门就是坐破石桥儿，里首半截红墙是大悲庵儿，往西是小胡同，北上坡挑着个豆腐牌儿，门首只见一个妈妈晒马粪。（第六十八回）

人家不属你管辖，不是你甚么着疼的亲故，平白怎替你南上北下走跳，使钱救你？（第十四回）

作中心语的有3例，例如：

正北三间书院，四面都是粉墙，台榭湖山，盆景花木，房内绛烛高烧，叠席床张锦幔，倭金屏护琴书，几席清幽，翠帘低挂，铺陈整齐，炉上茶煮宝瓶，篆内香焚麝饼。（第七十一回）

《金瓶梅词话》中“北”的句法功能分布情况见下表：

形式	句法功能			
	定语	宾语	状语	中心语
北	15	4	9	3
比重	48.4%	12.9%	29.0%	9.7%

可见，这一时期单纯方位词“北”仍以作定语为主。

（二）“×北”的句法功能分布

发展到《金瓶梅词话》时期，方位短语“×北”的用例很少。《金瓶梅词话》中“×北”仅出现了3例，且在句中作主语和状语，2例作主语：

此一首诗，单题塞北以车马为常，江南以舟楫为便，南人乘舟，北人乘马，盖可信也。（第四十七回）

正北三间书院，四面都是粉墙，台榭湖山，盆景花木，房内绛烛高烧，叠席床张锦幔，倭金屏护琴书，几席清幽，翠帘低挂，铺陈整齐，炉上茶煮

宝瓶，篆内香焚麝饼。（第七十一回）

有1例作状语：

正东看，隐隐青螺堆岱岳；正西瞧，茫茫苍雾锁皇都；正北观，层层甲第起朱楼；正南望，浩浩长淮如素练。楼上下有百十座阁儿，处处舞裙歌妓，层层急管繁弦。（第九十八回）

这一时期方位短语“×北”的用例不多，但句法功能上有所变化。《金瓶梅词话》时期首次出现了方位短语“×北”在句中作主语的情况，“×北”的句法功能种类在不断扩展。

（三）“北×”的句法功能分布

发展到《金瓶梅词话》时期，“北×”在句中主要作定语和宾语。《金瓶梅词话》中“北×”共有15例。

在句中作定语的有6例，例如：

北一带都是古董玩器，南壁厢尽皆书画瓶炉。（第十五回）
去年妄取东邻物，今日还归北舍家。（第十八回）
东方晓日初升，北陆残烟乍敛。（第六十五回）
有一日绣帏中玉肌重厮贴，我将他指尖儿轻捏，直说到楼头北斗柄儿斜。（第七十三回）

作中心语的仅有1例：

鞍上将似南山猛虎，人人好斗偏争；坐下马如北海蛟虬，骑骑能冲敢战。（第九十九回）

作宾语的有5例，例如：

日短北堂萱，空劳魂梦牵。（第三十六回）
虽有钱过北斗，成何大用。（第六十二回）
天子慌了，与大臣计议，差官往北国讲和，情愿每年输纳岁币金银彩帛数百万。（第九十九回）

作主语的有3例：

兹因北虏犯边，抢过雄州地界，兵部王尚书不发人马，失误军机，连累朝中杨老爷，俱被科道官参劾太重。（第十七回）
此一首诗，单题塞北以车马为常，江南以舟楫为便，南人乘舟，北人乘

马，盖可信也。（第四十七回）

听叮当砧声满耳，嘹呖呖北雁南还。（第四十九回）

《金瓶梅词话》中“北×”的句法功能分布情况见下表：

形式	句法功能			
	定语	中心语	宾语	主语
北×	6	1	5	3
比重	40%	6.7%	33.3%	20%

可见，这一时期“北×”的句法功能种类有所增加，在句中仍以作定语为主。

（四）“北”类合成方位词的句法功能分布

发展到《金瓶梅词话》时期，“北”类合成方位词的分布情况有了很大变化。《金瓶梅词话》中“北”类合成方位词共30例。

派生式合成方位词有19例。“北”类派生式合成方位词又可分为“北边”和“北方”两种，《金瓶梅词话》中“北边”有16例，其中“北边”在句中作定语的有14例，例如：

这婆子原嫁与北边半边街徐公公房子里住的孙歪头。（第七回）

西门庆当日与薛嫂相约下，明日是好日期，就买礼往北边他姑娘家去。（第七回）

薛嫂领着，西门庆骑着头口，小厮跟随，径来北边半边街徐公公房子里杨姑娘家门首。（第七回）

我替你老人家说成这亲事，指望典两间房儿住，强如住在北边那搭剌子里，往宅里去不方便。（第七回）

婆子道：“一个是北边人家房里使女，十三岁，只要五两银子；一个是汪序班家出来的家人媳妇，家人走了，主子把鬏髻打了，领出来卖，要十两银子。”（第二十四回）

西门庆随即使陈经济拿三钱银子，径到北边真武庙门首抄寻，有黄先生家，门上贴着：“抄算先天易数，每命卦金三星。”（第六十一回）

这两日，大街上掌刑张二老爹家，与他儿子娶亲，和北边徐公公做亲，娶了他侄儿，也是我和文嫂儿说的亲事。（第八十八回）

作宾语的有2例，例如：

如意儿道：“姥姥还不知道，杨姑娘老病死了。从年里俺娘念经就没来，俺娘们都往北边与他上祭去了。”（第七十八回）

“北方”有3例，例如：

此一字，是安镇五方真人云象：东方九炁镇天玉字真文，南方炁镇天玉字真文，西方七炁镇天玉字真文，北方五炁镇天玉字真文，中央一炁镇天玉字真文。（第三十九回）

太原府刘崇拒北方，我只待暂离丹凤厥亲拥碧油幢，先取那河东的上党。（第七十一回）

《金瓶梅词话》中“北”类复合式合成方位词共有11例。其中反向对举式复合方位词“南北”有6例，例如：

还是文妈见的多，你老人家早出来说恁句有南北的话儿，俺每也不恁急的要不的。（第六十九回）

教我改了两句，说道：如借债人东西不在，代保人们面南北躲闪。（第四十二回）

“东北”有2例：

死者熬高三丈，向东北方而去，遇日游神冲回不出，斩之则吉，亲人勿避。（第五十九回）

昨日立冬，万岁出来祭太庙，太常寺一员博士，名唤方轸，早辰直着打扫，看见太庙砖缝出血，殿东北上地陷了一角，写表奏知万岁。（第六十四回）

“西北”有1例：

正饮酒中间，忽见云生东南，雾障西北，雷声隐隐，一阵大雨来，轩前花草皆湿。（第二十七回）

“南北东西”有1例：

昆仑顶上转大千沙界，古弥陀分南北东西。（第三十九回）

“东南西北”有1例：

一走出去，东南西北，都看得眼花了，那得董娇儿的魂灵，望空骂道：“贼淫妇，在二爷面上这般的拔短梯，乔作衙哩！”（第五十四回）

《金瓶梅词话》中“北”类合成方位词的句法功能分布情况见下表：

形式	句法功能						
	派生式合成方位词		复合式合成方位词				
	北边	北方	南北	东北	西北	南北东西	东南西北
北	16	3	6	2	1	1	1
比重	53.3%	10%	20%	6.7%	3.3%	3.3%	3.3%

可见，《金瓶梅词话》时期“北”类合成方位词的分布情况有了很大变化，这一时期“北”类派生式合成方位词的比重超过了复合式合成方位词的比重，新派生式合成方位词“北边”在这一时期大量涌现，且在“北”类合成方位词中所占的比重超过了50%。“北边”的句法功能以作定语为主，少量例句作宾语。这一时期“北”类复合方位词种类增加，且以反向对举式方位词“南北”为主。

本章我们通过对《金瓶梅词话》中“左”“右”“东”“西”“南”“北”的计量研究，总结出了这一时期方位词历时演变的以下几个特点：

从语义演变的角度来看，从元代至明代，“左”“右”的语义越来越多用于表方位义，且多并举出现；“左右”合用的语义类别大量增加，多用于表“近侍、近臣”；这一时期“东”“西”“南”“北”的语义类别相对稳定，且“南”“北”多并举出现。

从句法功能演变的角度来看，这一时期方位短语新出现了表人身体部位的情况，体现了人类的认知逐渐从外在世界转移到人类自身上来；新出现了“左×”“右×”在句中作同位语的情况；“左右”合用的句法种类也大量增加，多用于作兼语，同时出现了“左右”用于助词结构中的情况。“东”“西”作谓语时多并举出现，这一时期新出现了“×西”“南×”在句中作状语的情况。就合成方位词而言，这一时期“左/右边”大量涌现，新出现了“左右”的复合形式“左左右右”；而“东”“南”“西”“北”类合成方位词呈现出和“左”“右”类合成方位词不对称的发展趋势，这一时期“东/西方”比较常见，“南/北边”大量涌现，且首次出现了复合方位词与“方”结合的情况。

第六章　明代至清代“左”“右”“东”“西”“南”“北”的历时演变

清代的汉语方位词已经越来越接近于其在现代汉语中的分布，这一时期方位词引申义大量增加，形式上伴随着儿化音的出现。儿化音合成方位词大量涌现，句法功能方面也有了很大的变化，因此，清代方位词可以说是现代汉语方位词的雏形。本章我们将以清代的代表性文献《儿女英雄传》为依据，对这一时期方位词“左”“右”“东”“西”“南”“北”进行全面的考察。

第一节　“左”“右”的语义演变

一、“左”的语义演变

发展到《儿女英雄传》时期，“左”的语义类别仍以“左边”为主。

《儿女英雄传》中“左”表体词性语义“左边”的共有121例，例如：

他长的是个大身量，黄净子脸儿，两撇小胡子儿，左手是个六枝子。（第三回）

那女子听了，才要伸手去搀，一想“男女授受不亲”，到底不便，他就把左肩的那张弹弓褪了下来。（第六回）

只见那瘦子紧了紧腰，转向南边，向着那女子吐了个门户，把左手拢住右拳头，往上一拱，说了声“请”。（第六回）

一见，连忙的就把刀子往回来一掣，待要躲闪，怎奈右手里便是窗户，左手里又站着一个三儿，端着一旋子凉水在那里等着接公子的心肝五脏，再没说反倒往前迎上去的理。（第六回）

表饰词性语义“向左”的共有25例，例如：

那太太同公子并内外家人不肯就睡，还在那里左盼右盼，看看等到亮钟以后无信，大家也觉得是无望了，又乏又困，兴致索然，只得打点要睡。

（第一回）

所以一路上左赶右赶，再赶不上公子，直等公子到了淮安，他才赶上。（第三回）

妇事舅姑，如事父母。鸡初鸣，咸漱盥，栉縰笄总，衣绅，左佩纷帨、刀砺、小觿、金燧，右佩箴管、线纩、施縏袠、大觿、木燧，衿缨綦屦，以适父母舅姑之所。（第二十八回）

表“差错，错误”语义的共10例，例如：

就防你一时想左了，信不及这位假尹先生的话；一个不信，你嘴里只管答应着，心里憋主意，半夜里一声儿不言语。（第十九回）

邓九公双手一拦，说：“且住！我邓某还有一言奉劝，大家可恕我直言，别想左了。”（第二十回）

治病寻源，他这病源全在痛亲而不知慰亲，守志而不知继志，所以才把个见识弄左了。（第二十五回）

《儿女英雄传》中“左”的语义分布情况见下表：

参数	语义类别		
	左边	向左	差错，错误
数量	121	25	10
比重	77.6%	16.0%	6.4%

可见，这一时期“左”的语义类别仍以“左边”为主，且表“左边”的比重是表饰词性语义“向左”的近五倍，“左”表“向左”语义时多与“右”并举出现，同时这一时期出现了“左”在句中表“差错，错误”语义的情况。

二、“右”的语义演变

发展到《儿女英雄传》时期，“右”的语义类别仍可分为“右边”和“向右”两类。

《儿女英雄传》中“右”表“右边”语义的共65例，例如：

想罢，他也顾不得那叫避嫌，那叫害羞，连忙上前把十三妹擎刀的这只

右胳膊双手抱住，往下一坠，乘势跪下。（第十回）

他便向铜旋子里拿起那把尖刀，右手四指拢定了刀靶，大拇指按住了刀子的掩心，先把右胳膊往后一掣，竖起左手大指来，按了按公子的心窝儿。（第五回）

女子举刀向他面前一闪，和尚只顾躲那刀，不妨那女子抬起右腿，用脚跟向胸脯上一登，噔，他立脚不稳，不由的撒了那纯钢禅杖，仰面朝天倒了。（第六回）

表“向右”语义的共25例，例如：

一时左思右想，千头万绪，心里倒大大的为起难来。（第十九回）

公子擎杯在手，左顾右盼，望着他姊妹两个说：“请啊！”自己便先饮了一口，又抚掌道：“此人生第一乐也！”（第三十回）

左思右想，倒莫如依了褚大娘子的主意，竟照着何玉凤给张金凤牵丝的那幅“人间没两”的新奇画本，就借张金凤给何玉凤作稿子，合成一段“鼎足而三”的美满姻缘，叫他姐妹二人学个娥皇、女英的故事，倒也于事两全，于理无碍，于情亦合。（第二十三回）

《儿女英雄传》中“右”的语义分布情况见下表：

参数	语义类别	
	右边	向右
数量	65	25
比重	72.2%	27.8%

可见，这一时期“右”仍以表体词性语义“右边”为主，且表“右边”和“向右”的比重关系与《金瓶梅词话》时期没有很大差异。

三、“左右”合用的语义演变

发展到《儿女英雄传》时期，“左右”合用的语义类别有所减少。

《儿女英雄传》中“左右”合用在句中主要表“左边和右边”，这样的共有24例，例如：

堂屋正中一张方桌，两个杌子，左右靠壁子两张春凳。（第五回）

左右两个强人见了，不知是何原故，也下了马，手下的带过马去。（第十一回）

姑娘可是左右鬓角儿上有米心大必正的两颗朱砂痣不是？（第十三回）

表“向左向右”的共4例，例如：

忙答应了一声，一抖积伶儿，把作揖也忘了，左右开弓的请了俩安。（第八回）

那太太听了，自然是左右为难，但事到其间，实在无法。（第二回）

他果然“既来之，则安之”，我也只得“因居之安，则资之深；资之深，则取之左右逢其源”了。（第二十三回）

表“附近、周围”语义的共9例，例如：

纪献唐听了，便挑了四个能使杆子的，分在左右，五个人“哈”了一声，一齐向顾先生使来。（第十八回）

大凡是绿林中的字号人儿，听见我邓九公在那里歇马，就连那方边左右的草茨儿，也未必好意思的动一根！（第三十一回）

表“反正，横竖”语义的仅有15例，例如：

及至太太又加上一番相劝，不觉得就鼓起高兴来，说道：“既如此，就依你们娘儿们的话，左右是家里白坐着，再走这一荡就是了。”（第一回）

即或不够，左右有那一项“没主儿的钱”，我甚么时候用，甚么时候取，你别累赘，快些收去，大家好打点起身。（第十回）

程师爷也是终年闷在书房里，我又左右闲在此，今日竟依他住下，我也陪他走走。（第三十八回）

《儿女英雄传》中“左右”合用的语义分布情况见下表：

参数	语义类别			
	左边和右边	向左向右	附近、周围	反正，横竖
数量	24	4	9	15
比重	46.2%	7.7%	17.3%	28.8%

可见，相对于《金瓶梅词话》时期，这一时期“左右”合用的语义类别减少，没有出现“左右”表“近侍、近臣”的情况，《儿女英雄传》时期“左右”主要在句中表“左边和右边”。

第二节 “左”“右”的句法功能演变

一、“左”的句法功能演变

（一）“左”的句法功能分布

发展到《儿女英雄传》时期，“左”的句法功能仍然以定语为主。

《儿女英雄传》中单纯方位词“左”作定语的有49例，例如：

左手是闹轰轰的一大把子通草花儿、花蝴蝶儿，都插在一根麻秸棍儿上举着。（第三十八回）

左胳膊上挽着个渔鼓，手里掐着副简板，却把右手拍着鼓。（第三十八回）

和尚“哼”了一声，才待还手，那女子收回左脚，把脚跟向地下一碾，轮起右腿甩了一个“旋风脚”，吧，那和尚左太阳上早着了一脚，站脚不住，咕咚向后便倒。（第六回）

作宾语的有2例：

这里地下铺下拜毯，安龙媒居中，何玉凤在左随着，张金凤在右陪着，三个人听着那礼生的赞唱跪拜仪节行礼。安老爷、安太太左顾右盼，真个是好个佳儿，好双佳妇！（第二十八回）

说着，一个进步跟下去，举手向那女子的后心就要下手，这一着叫作“黑虎偷心”。他拳头已经打出去了，一眼看见那女子背上明晃晃直矗矗的掖着把刀，他就把拳头往上偏左一提，照左哈扐巴打去，明看着是着上了。（第六回）

作主语的有5例，例如：

褚大娘子便递给姑娘一个小金如意儿，一个小银锭儿，两手攥着，取“左金右银，必定如意”之兆。（第二十七回）

那店一连也有十几间门面，正中店门大开，左是柜房，右是厨灶，门前搭着一路罩棚，棚下摆着走桌条凳，棚口边安着饮水马槽。（第四回）

左一行，排一层紫袍银带的仙官；右一行，列几名翠袖霓裳的宫嫔。（第一回）

作状语的有25例，例如：

怎么，你益发在左遮右掩、瞻前顾后起来。(第五回)

左思右想，事到其间，也不得不说了。(第五回)

这书里表的两个红匣子，就我听书的听了，也料得到定是那张雕弓、那圆宝砚，岂有何玉凤那等一个聪明机警女子本人儿倒会想不到此，还用这等左疑右猜？(第二十六回)

作中心语的有3例，例如：

今天子御极之四年，岁在丙午，学海官淮上，旋去官，将之山左访故人女十三妹于齐鲁之青云山。(第三十九回)

作谓语的有12例，例如：

我到有个主意，客官你可别想左了。(第五回)

那金凤姑娘听了，心中一喜一愁。喜的是果然应了这个梦，真是天上人间第一件好事；愁的是这姑娘好容易把条冷肠子热过来了，这一左性，可怕又左出个岔儿来。(第二十二回)

只顾他两家这等一斗心眼儿，再不想这桩事越发左了！(第二十二回)

《儿女英雄传》中“左”的句法功能分布情况见下表：

形式	句法功能					
	定语	宾语	主语	状语	中心语	谓语
左	49	2	5	25	3	12
比重	51.0%	2.1%	5.2%	26.0%	3.1%	12.5%

(二)“×左”的句法功能分布

方位短语“×左”在《儿女英雄传》中仅出现了3例，其中“×左”在句中作宾语和定语。

作宾语的有2例，例如：

予既至山左，甫得其巅末。(第三十九回)

作定语的有1例：

恩升授内阁学士，兼礼部侍郎，简放山左督学使者，并特旨钦加右副都御史衔，作为观风整俗使。凡此皆不足为公荣，所喜免此万里长征，洵为眼

前一大快事！（第四十回）

（三）“左×”的句法功能分布

《儿女英雄传》中“左×”的共出现了49例。

“左×”在句中主要作宾语，这样的共有17例，例如：

谁想他的身子蹲得快，那白光儿来得更快，噗的一声，一个铁弹子正着在左眼上。（第六回）

只这拿桩的这个当儿，那女子就把身子一扭，甩开左脚，一回身，噹的一声，正踢在那和尚右肋上。（第六回）

说着，把左手向身后一绰，便要绰起那把刀来，就想往项下一横，拼这副月貌花容，作一团珠沉玉碎！（第十八回）

那和尚见两棍打他不着，大吼一声，双手攒劲，轮开了棍，便取他中路，向左肋打来。（第六回）

后右脚一跺，抬左脚一转身，便向顾先生打去，说：“着打！”及至转过身来向前打去，早不见了顾先生。（第十八回）

常作定语，这样的有12例，例如：

他便向铜旋子里拿起那把尖刀，右手四指拢定了刀靶，大拇指按住了刀子的掩心，先把右胳膊往后一掣，竖起左手大指来，按了按公子的心窝儿。（第五回）

这个当儿，又是照前噗的一声，一个弹子从他左耳朵眼儿里打进去，打了个过膛儿，从右耳朵眼儿里钻出来，一直打到东边那个厅柱上，吧哒的一声，打了一寸来深进去，嵌在木头里边。（第六回）

上去之后，那班新进士都在保和殿后左门外候旨，预备钦定下来，那个占了前十名，立刻就要预备带领引见。（第三十六回）

作主语的有10例，例如：

左手拿着擦的镜亮二尺多长的一根水烟袋，右手拿着一个火纸捻儿。（第四回）

那十三妹左手托了砚台，右手把笔蘸得饱了，跳上桌子，回头叫安公子举灯照着，他便在那正中对着房门的北墙上，笔墨淋漓，写了两行大字。（第十回）

张太太早进院门，只见他穿着一件簇簇新的红青布夹袄，左手攥着烟袋荷包，右手攥着一团蓝绸绢子。（第十二回）

作中心语的有9例，例如：

只见那女子左肩膀往前一扭，早打了个空，他自觉身子往前一扑，赶紧的拿了拿桩站住。(第六回)

原来外省的怯排场，大凡大宪来拜州县，从不下轿，那县官倒隐了不敢出头，都是管门家丁同着简房书吏老远的迎出来，道旁迎着轿子，把他那条左腿一跪，把上司的拜帖用手举的过顶钻云。(第十三回)

大家便先把那贼的左手左脚绑在一处，那贼只剩得一条腿在那里跳咯噔儿了！(第三十一回)

作状语的仅有1例：

大娘子便从桌上抱过一个用红绢五色线扎着口的鎏金宝瓶，交何小姐左手抱着；张姑娘又送过一个拴彩绸的青铜圆镜子来，交公子右手向新娘照着。(第二十八回)

《儿女英雄传》中“左×”的句法功能分布情况见下表：

形式	句法功能				
	宾语	定语	主语	中心语	状语
左×	17	12	10	9	1
比重	34.7%	24.5%	20.4%	18.4%	2.0%

（四）“左”类合成方位词的句法功能分布

此外，《儿女英雄传》中“左”类合成方位词包括派生式合成方位词“左边”和复合式合成方位词“左右”两类。派生式合成方位词“左右”在《儿女英雄传》中出现了9例。“左边”在句中主要作定语，这样的有5例：

只见左边的那座角门哗拉一响，早走出两个和尚来。(第五回)

只是我虽会蹿纵，我那驴儿可不会蹿纵，我便悄悄的开了左边角门，把牲口拉进来。(第八回)

左边翠花上关着一路三根大宝石抱针钉儿，还戴着一枝方天戟，拴着八棵大东珠的大腰节坠角儿的小挑，右边一排三枝刮绫刷蜡的矗枝儿兰枝花儿。(第二十回)

他这边才支上左边的士，那家儿就安了个当头炮，他又把左边的象垫上，那家又在他右士角里安了个车。(第三十三回)

待要站起来，怀里是搂着俩孩子，才一欠身儿，左边儿那个孩子早把个咂儿从嘴里脱落出来。（第三十九回）

常作宾语的有3例：

姑娘这才一回手把那把刀倚在身后壁子眼前，看了看，右边有根桌柢儿碍着手，便提起来回手倚在左边。（第十八回）

我在左边给你老人家摆一只凤凰，右边给你老人家摆一只凤凰。（第二十回）

到了给他母亲装烟，他却不是照那等抽着了用小绢子擦干净了烟袋嘴儿，闪着身子，把烟袋锅儿顺在左边，烟袋嘴儿让在右边儿，折胸伏背的那等递法儿了。（第二十五回）

作中心语的有1例：

忽然静悄悄半天，只听得一声弓弦响，哧的就是一箭，从轿子左边儿射过去。（第二十八回）

综上，这一时期“左”的句法功能仍以定语为主，“左”作状语的比重显著提高，且新增加了“左”作谓语的情况；“左×”结构在《儿女英雄传》时期主要作宾语和定语，与《金瓶梅词话》时期以在句中作定语的句法情况相似，且“左×”更多用于表身体部位。此外，“左”类合成方位词在这一时期也有了很大变化，最明显的变化是出现了“左边儿”带儿化音的派生式合成方位词。

二、“右”的句法功能演变

（一）“右”的句法功能分布

发展到《儿女英雄传》时期，单纯方位词“右”的句法功能仍以作定语为主。

《儿女英雄传》中“右”作定语的有47例，例如：

待要伸左手来救那只右手，急切里转不过身来。（第三十一回）

他这边才支上左边的士，那家儿就安了个当头炮，他又把左边的象垫上，那家又在他右士角里安了个车。（第三十三回）

我这妹子右耳朵眼儿豁了一个。（第三回）

作宾语的有3例：

那女子这番不闪了，他把柳腰一摆，平身向右一折，那棍便擦着左肋奔了肋下去。(第六回)

这里地下铺下拜毯，安龙媒居中，何玉凤在左随着，张金凤在右陪着，三个人听着那礼生的赞唱跪拜仪节行礼。(第二十八回)

到了公婆跟前，便同张姑娘叙姊妹礼数，自己居先；到了夫妻之间，便合他论房帏资格，自己居右。(第二十九回)

作主语的有6例，例如：

一时仙乐数声，画阁开处，左有金童，右有玉女，手提宝炉，焚着白檀紫降，引了那帝释天尊、悦意夫人出来。(第一回)

那店一连也有十几间门面，正中店门大开，左是柜房，右是厨灶，门前搭着一路罩棚，棚下摆着走桌条凳，棚口边安着饮水马槽。(第四回)

作状语的有23例，例如：

他不是左丢一鼻子，便是右扯一眼，甚至指桑骂槐，寻端觅衅。(第二十七回)

华嬷嬷也见过他家大奶奶，一时乐得他左看一番，右问一番，也不知要怎么亲近亲近奶奶才好。(第二十三回)

这书里表的两个红匣子，就我听书的听了，也料得到定是那张雕弓、那圆宝砚，岂有何玉凤那等一个聪明机警女子本人儿倒会想不到此，还用这等左疑右猜？(第二十六回)

作中心语的有2例：

姑娘跪在灵右，候着还礼。(第十七回)

褚大娘子又叫人给他在地下铺了一领席，垫上孝褥子，他才在灵右守起制来。(第二十回)

作谓语的有2例：

在公子是“左之右之，无不宜之”，觉得“金钟大镛在东序”也可，“珊瑚玉树交枝柯”亦无不可，初无成见。(第三十一回)

两个人都是好意，不想这番好意，把个可左可右的安公子此时倒弄到左右不知所可。(第三十一回)

《儿女英雄传》中“右”的句法功能分布情况见下表：

形式	句法功能					
	定语	宾语	主语	状语	中心语	谓语
右	47	3	6	23	2	2
比重	56.6%	3.6%	7.2%	27.7%	2.4%	2.4%

(二)“×右”的句法功能分布

这一时期方位短语“×右”仅有2例，且“×右”在句中均作宾语。

(三)“右×”的句法功能分布

《儿女英雄传》中“右×”共出现了47例，在句中主要作宾语。

“右×”以作宾语为主，这样的有19例，例如：

重新转过身子去，身西面东，又一撼，就势儿用右手轻轻的一撂，把那块石头就撂倒了。(第四回)

只见那女子不慌不忙，把右手从下往上一翻，用了个“叶底藏花”的架式，吧，只一个反巴掌，早打在他腕子上，拨了开去。(第六回)

安太太拉着姑娘，在右首跪下，便把那个香炉盘儿递给姑娘捧着。(第二十四回)

“右×”在句中作定语的有8例，例如：

右大腿旁拖露着一大堆纯泥的白绉绸汗巾儿，脚下包脚面的鱼白布袜子，一双大掖巴鱼鳞伞鞋，可是靸拉着。(第四回)

大家一看，右手里摆着一方锡铸的朱墨砚台，又是两只朱墨笔，挨着砚台摆着一根檀木棒儿，一块竹板儿。(第三十六回)

说着，炕上一个婆儿忙着把右手里那个孩子也接过去。(第三十九回)

作主语的有10例，例如：

他装好了烟，却用左手拿着烟袋，右手拿着香火，说：“你老人家自已点罢。”(第二十五回)

讲究不搦顶子，不搦帽沿儿，只把左手架着帽子，右手还预备着个小帽镜儿。(第三十五回)

右手擎着根大长的烟袋，手腕子底下还搭拉着一条桃红绣花儿手巾，却斜尖儿拴在镯子上。(第三十八回)

作中心语的也有10例，例如：

在背后举起刀来，照他的右肩膀一刀，哧嚓，从左肋里砍将过来，把个和尚弄成了“黄瓜腌葱”——剩了个斜岔儿了。(第六回)

姑娘闪过身子去一看，那神主的右首旁边果然刻着两行字，只是被那神龛边扇儿遮着，一时看不清楚。(第二十六回)

张姑娘又送过一个拴彩绸的青铜圆镜子来，交公子右手向新娘照着。(第二十八回)

《儿女英雄传》中“右×”的句法功能分布情况见下表：

形式	句法功能			
	宾语	定语	主语	中心语
右×	19	8	10	10
比重	40.4%	17.0%	21.3%	21.3%

可见，这一时期“右”单独作句法成分时其句法功能仍以定语为主，“右”在句中作定语和状语的比重与《金瓶梅词话》相比并没有很大差异；句法功能种类上，这一时期“右”在句中的句法功能种类增加，新增加了作谓语和中心语的情况。《金瓶梅词话》时期，“右×”在句中主要作主语，而这一时期“右×”的句法功能以作宾语为主，且“右×”在句中作中心语的例句大量涌现。

三、“左右”的句法功能演变

发展到《儿女英雄传》时期，“左右”在句中主要作状语，这样的有22例，例如：

便飞跑的赶到庙前。那正中山门本是用乱砖从外面砌严了的，看了看，左右两个角门儿也关得结实，只得走到马圈门前叫门。(第十一回)

那恭维人的本领，他却从作佐杂时候就学得滥熟，又见乌大人这等谦和体谅，心里早打算到这满破个二三千银子送他也值，左右向那些工员身上捞的回来的。

左右到了船上他爷儿两个也要来的，在那里的有多少话说不了呢！(第十三回)

这班人倒不顽笑，只见他把那两个戴困秋的让在正面，他三个倒左右相陪，你兄我弟的讲交情，交了个亲热。(第三十二回)

常作定语，这样的有12例，例如：

只见周围城砖砌墙，四角有四座更楼，中间广梁大门，左右两边排列着那二十八棵红柳树，里面房间高大，屋瓦鳞鳞，只是庄门紧闭不开。(第十四回)

一面留神上下把姑娘一打量，只见虽然出落得花容月貌，好一似野鹤闲云，那小时节的面庞儿还仿佛认得出来，一眼就早看见了他左右鬓角边必正的那两点朱砂痣。(第十七回)

上了台阶，亲自接过那鹅、酒，安在供桌的左右厢，退下去，端恭肃敬的朝上行了两跪六叩礼。(第二十七回)

作主语的有8例，例如：

案前一张大理石面小方桌，上面摆得笔砚精良，左右两张杌子。(第二十九回)

两个人都是好意，不想这番好意，把个可左可右的安公子此时倒弄到左右不知所可。(第三十一回)

安太太憋着一肚子的话，此时原不要忙着就说，因见老爷这句话是个机会，再看了看左右无人，只得两个小丫头子，便把那两个小丫头子也支使开。(第四十回)

左右靠墙分列两张小条案儿，这边案上随意摆两件陈设，那边摆一对文奁。(第二十九回)

作宾语的有5例：

没多时，只见从东边先进来两个家人，下了屏门的门闩，分左右站着，把定那门。(第二十四回)

老爷看了公子一眼，公子便上前捧了何公的那一座，何姑娘捧了尚太君的那一座，绕过八仙桌子，分左右一齐捧到那座大龛的神床上，双双安了位。(第二十四回)

公子只得归坐，金、玉姊妹便分左右坐了。(第三十回)

果然把他三人那幅小照挪过这边卧房来，就把那张弹弓、那口宝刀挂在左右，又把那圆端砚摆在小照面前桌儿上，归结了他三个一段美满良缘的新奇佳话。(第三十二回)

难道拉屎撒尿的工夫也不容他，叫他没日夜的寸步不离左右不成？(第三十三回)

作中心语的仅有3例：

自己左右的两个人尚且调停不转，又丢下六宫佳丽，私通三国夫人。（第一回）

一个人到了成丁授室，离开父母左右，便是安老夫妻恁般严慈，那里还能时刻照管的到他？（第三十回）

原来他两个这阵为难，一层为着不忍看着夫婿远行，一层也正为着不忍离开婆婆左右，并且两个人肚子里还各各的有一桩说不出口来的事。（第四十回）

《儿女英雄传》中“左右”合用的句法功能分布情况见下表：

形式	句法功能				
	状语	定语	主语	宾语	中心语
左右	22	12	8	5	3
比重	44%	24%	16%	10%	6%

可见，这一时期“左右”合用的例句较《儿女英雄传》时期减少，句法功能种类也有所减少，且在句中主要作状语，作主语的比重大幅度降低。由于“左右”在这一时期没有出现表“近侍”的情况，所以在句法功能上也没有出现“左右”作兼语的情形。

第三节 “东”“西”“南”“北”的语义演变

一、“东”的语义演变

发展到《儿女英雄传》时期，“东”仍然主要表体词性语义“东边”。《儿女英雄传》中“东”表体词性语义“东边”的有230例，例如：

转眼之间到了七日封灵，何玉凤合舅太太便搬在西厢房里间，张太太带了戴嬷嬷合两个丫头便住在外间，随缘儿媳妇、舅太太的下人住了东厢房。（第二十三回）

进了东间，但觉烛辉宝炬，香爇沉檀，翡翠衾温，鸳鸯帐暖。（第二十八回）

表饰词性语义的共11例。其中表“向东”语义的有7例，例如：

这些顽意儿尽是些雕虫小技，不过解闷消闲；我讲得是长枪大戟东荡西驰的本领。（第十八回）

程相公此时是两只眼睛不够使的，正在东睃西望，又听得那边吆喝：“吃酪罢！好干酪哇！”（第三十八回）

表“自东”语义的有4例，例如：

等到日已东升，这个心可按捺不住了。（第三十六回）

那天正是八月初旬天气，一轮皓月渐渐东升，照得院子里如同白昼。（第五回）

日月行得不能划一，此所以朝日东升新月西见之原由也。（第三十四回）

表谓词性语义“东行”的共3例，例如：

褚大娘子早过来同喜娘儿招护了何姑娘，张姑娘便同那个喜娘儿招护了公子，男东女西，对面站着。（第二十八回）

《儿女英雄传》中“东”的语义分布情况见下表：

参数	语义类别			
	体词性语义“东边”	谓词性语义“东行”	饰词性语义	
			向东	自东
数量	230	3	7	4
比重	94.3%	1.2%	4.5%	

这一时期“东”的语义类别仍可分为体词性、谓词性、饰词性三类，但饰词性语义具有了双向性，出现了表“自东”的情况，但以表“向东”为主；在用例比重上，“东”表体词性语义的比重占绝对优势，达到了94.3%。

二、“西”的语义演变

发展到《儿女英雄传》时期，“西”仍以表体词性语义“西边”为主。《儿女英雄传》中“西”表体词性语义“西边”的共166例，例如：

这日早上便推说是晚间要换换衣裳，那边新房里一通连，没个回避的地方，不大方便，嘱咐张姑娘晚间请公子在西间去谈谈，就便在那边安歇，是

个周旋妹子的意思。(第三十一回)

恰好何小姐完了事，将进西间门，看见笑道：“贼都捆上了，你这时候拿着这把剑，刘金定不像刘金定，穆桂英不像穆桂英的，要作甚么呀?”(第三十一回)

何况这长姐儿还是从前因为他妈给他择婿决意不嫁，说过这一辈子刀搁在脖子上也休想他离开太太，甚至太太日后归西他还要跟了去当女童儿的个人呢!(第四十回)

表饰词性语义的共12例。

其中表“向西”的有11例，例如：

不想老太太你先骑鹤西归，叫我向谁说起?(第十七回)

一时内眷们也进屋里来，一旁看着问长问短。老爷便从“麟现阙里”起，一直讲到“西狩获麟”，会把圣人七十三年的年谱讲得来不曾漏得一件事迹，差得一个年月。(第三十八回)

褚一官平日在他泰山跟前还有个东闪西挪，到了在他娘子跟前，却是从来说一不二。(第四十回)

表“自西”语义的仅有1例：

日月行得不能划一，此所以朝日东升新月西见之原由也。(第三十四回)

表谓词性语义“西行”的有5例，例如：

重新转过身子去，身西面东，又一撼，就势儿用右手轻轻的一擢，把那块石头就擢倒了。(第四回)

褚大娘子早过来同喜娘儿招护了何姑娘，张姑娘便同那个喜娘儿招护了公子，男东女西，对面站着。(第二十八回)

《儿女英雄传》中“西”的语义分布情况见下表：

参数	语义类别			
	体词性语义“西边”	饰词性语义		谓词性语义“西行”
		向西	自西	
数量	166	11	1	5
比重	90.7%	6.6%		2.7%

可见，这一时期“西”仍以表“西边”为主，且比重有所上升，但

“西”表谓词性语义的比重大幅度降低，多与“东”并举出现。

三、“南”的语义演变

发展到《儿女英雄传》时期，“南”主要表体词性语义“南边”。

《儿女英雄传》中“南”表体词性语义“南边”的共115例，例如：

何小姐便笑道：“既如此，索性让我们把这点儿事料理完了，咱们好说闲话儿”，公子便在靠南一张小床儿上坐下。（第三十六回）

再往南便是那座马圈的栅栏门。（第六回）

那十三妹别后，安公子一行人直望到望不见了，也就大家上了车辆牲口，投奔南河大路而去，这且不提。（第十一回）

表饰词性语义的有10例。其中表“向南”语义的有3例，例如：

宾鸿捎书雁南飞。（第三十三回）

表“自南”语义的有7例，例如：

却说那华忠一人服侍公子南来，格外的加倍小心，调停那公子的饥饱寒暖，又不时的催着两个骡夫早走早住。（第三回）

上回书交代的是安公子因安老爷“革职拿问，带罪赔修”，下在监中，追缴赔项，他把家中的地亩折变，带上银子，同着他的奶公华忠南来。（第四回）

怎的开口便问我南来的原由。（第十二回）

及至小儿到了淮上，久不见他南来的消息。（第十五回）

表谓词性语义“南行”的共2例，例如：

讲到自己护送，无论家有老母不能分身远离，就便得分身，他两家一南一北，两路分程，不能兼顾，其势不得不把两家合成一路。（第十回）

《儿女英雄传》中“南”的语义分布情况见下表：

<table>
<tr><td rowspan="3">参数</td><td colspan="4">语义类别</td></tr>
<tr><td rowspan="2">体词性语义“南边”</td><td colspan="2">饰词性语义</td><td rowspan="2">谓词性语义“南行”</td></tr>
<tr><td>向南</td><td>自南</td></tr>
<tr><td>数量</td><td>115</td><td>3</td><td>7</td><td>2</td></tr>
<tr><td>比重</td><td>90.6%</td><td colspan="2">7.9%</td><td>1.6%</td></tr>
</table>

可见，这一时期“南”的语义类别仍然以表体词性语义“南边”为主。“南”表饰词性语义的情况发生了一定变化，表“自南”语义的比重超过了表“向南”的比重，且多用于“南来”中。

四、“北”的语义演变

发展到《儿女英雄传》时期，“北”表体词性语义“北边”的情况占绝对优势。

《儿女英雄传》中“北”表体词性语义“北边”的共141例，例如：

至于那燕北闲人著这段书，大约醉翁之意未必在酒。(第三十三回)

说着，只见他背过脸儿去，倒把脊梁朝着安太太，向北又是一躺。(第三十七回)

好容易听他往北弹了去了，早有人在那接着叫住。(第四回)

公子在马上望着那太空数点白云，匝地几痕芳草，恰遇那年下半年有个闰月，北地节候又迟，满山杏花还开得如火如锦，四围杏花风里簇拥他白面书生的一个探花郎，好不兴致！(第三十六回)

表饰词性语义的共8例。

表“向北”语义的有7例，例如：

临期好让他不着一丝牵挂流连，安心北上，去走他那条立命安身的正路。(第二十一回)

因此他把离情打断，更无多言，只有一心一意跟着安老爷、安太太北去。(第二十二回)

安老爷到得关厢，坐在车里一看，只见那条街上，不但南来北往的车驮络绎不绝，便是本地那些居民，也男男女女老老少少的都穿梭一班拥挤不动。(第三十八回)

表“自北”语义的仅1例：

再说，我同我这东人一路北来，由大道分手的时节，约定他今日护着家眷投茌平悦来老店住下等我，我由桐口岔路到此，完了这桩事体，今晚还要赶到店中相见。(第十七回)

表谓词性语义“北行”的有3例，例如：

讲到自己护送，无论家有老母不能分身远离，就便得分身，他两家一南

一北，两路分程，不能兼顾，其势不得不把两家合成一路。(第十回)

《儿女英雄传》中"北"的语义分布情况见下表：

参数	语义类别			
	体词性语义"北边"	饰词性语义		谓词性语义"北行"
		向北	自北	
数量	141	7	1	3
比重	92.8%	5.3%		2.0%

可见，"北"表饰词性语义的比重在这一时期总体降低，表体词性语义"北边"的比重上升。

第四节 "东""南""西""北"的句法功能演变

一、"东"的句法功能演变

(一)"东"的句法功能分布

发展到《儿女英雄传》时期，"东"在句中主要作定语。

《儿女英雄传》中"东"作定语的有130例，例如：

自然就该"王赫斯怒"，拨转马头，馘安禄山之首，悬之太白，也还博得个"失之东隅，收之桑榆"，给天下儿女子吐一口气。(第一回)

一进门，见是极宽展的一个平正院落，正北三间出廊正房，东首院墙另有个月光门儿，望着里面像是个厨房样子。(第五回)

东里间靠西壁子一张木床，挨床靠窗两个杌子。(第五回)

我是河南彰德府人，在东关外落乡居住。(第七回)

作宾语的有25例，例如：

说着，催了车辆牲口出门，自己从新把门关好，然后他才就地托的一纵，纵上房去，从房外头跳将下来，便在驴儿上解下包袱，依然罩上那块青纱包头，穿上那件佛青布衫儿，重新挎上弹弓，骑上驴儿，趁着那斜月残星，护送着一行人，逍遥自在的竟自投东去了。(第十回)

明年正、二、三月，木气正旺于东，这块地正是主茔的青龙方，更不好动；四、五、六月，月建都吉，只“巳午”两个字又正合太世叔、婶母的化命，亥子一冲；六月建未，明年太岁在未，书云：“一物一太极，物物一太极。”（第三十三回）

只见前面那两个仆妇不进这座门，却引了往东走，进了那座大祠堂门。（第二十八回）

作状语的有11例，例如：

汉王乘那项王火咸阳、弑义帝、降子婴、东荡西驰的时候，早暗地里间道入关，进位称王。（第一回）

不但两岸冲刷，连那民间的田园房舍都冲得东倒西塌，七零八落。（第二回）

况且你我如浮萍暂聚，少一时“伯劳东去雁西飞”，我这残名贱姓，竟不消提起。（第八回）

何况这和尚动手的时节正是月色东升，照的如同白昼，这白光儿正迎着月光而来，有甚么照顾不到的？（第六回）

作中心语的有14例，例如：

我这老婆子是京东人，他有个哥哥，在京东帮人作买卖。（第七回）

我们商量着，把几间房儿亩地典给村里的大户，又把家家伙伙的折变了，一共得了百十两银子，套上家里的大车，带上娘儿两个，想着到京东去投奔亲戚，找个小买卖作。（第七回）

他此去报仇，只怕就未必得着机会下手，那时大事不成，羞见江东父老，他便不回来了，此其一；便让他得个机会下手，他那仇家岂没个羽翼牙爪？（第十六回）

作谓语的有5例，例如：

大家进了门，分了个男东女西，邓九公、褚一官、张老、安老爷便在东边一带椅子上坐了，褚大娘子、张妈妈、何玉凤、安太太便在西边一带椅子上坐了，安太太也叫张金凤搬了个座儿坐下。（第二十四回）

褚大娘子早过来同喜娘儿招护了何姑娘，张姑娘便同那个喜娘儿招护了公子，男东女西，对面站着。（第二十八回）

三下里一撑，把天下通行吹灯睡觉的一桩寻常事，一为难，给搁在公中，就在那可西可东的一间堂屋里坐下，长篇大论，整夜价攀谈起来了。（第三十一回）

《儿女英雄传》中“东”的句法功能分布情况见下表：

形式	句法功能				
	定语	宾语	状语	中心语	谓语
东	130	25	11	14	5
比重	70.3%	13.5%	5.9%	7.6%	2.7%

可见，这一时期“东”的句法功能种类减少，在用例比重上，“东”仍以作定语为主，比重也有所上升，同时“东”在句中作宾语时多分布在介宾结构中。

（二）“×东”的句法功能分布

发展到《儿女英雄传》时期，方位短语“×东”以作定语为主。《儿女英雄传》中“×东”共有13例。

作定语的有8例，例如：

第一个先跑出来，便藏在上房东钻山门儿里。（第三十一回）

他本是带着家眷在京东一个粮行里给人家管账，就那里养了个儿子，因是七夕生的，叫作阿巧。（第三十二回）

一路进来，见那大门里也是路东一个屏门，进去便是个大院落。（第三十九回）

我两个来来回回正斗得难分难解，只见从正东人群里闪一般撺出一个人来，手使一把倭刀，把我两个的钢鞭用刀背儿往两下里一挑，说：“你二位住手，听我有句公道话讲！”（第十五回）

见那曲折槅子是向西转过去的，等柳条儿撤玻璃挡儿的这个当儿，回头一看，见那槅子东一面，长长短短横的竖的贴着无数诗笺，都是公子的近作。（第二十九回）

作宾语的有5例，例如：

原来第七回书讲得他当日带着女儿要到京东投奔的那个亲戚，正是那张太太娘家一个本家哥哥。（第三十二回）

詹典在京东一住十余年，却也赚得几十两银子在腰里。（第三十二回）

他那里起身要回河南来，正是张老夫妻这里带了女儿要投京东去，路上彼此岔过去了，不曾遇着。（第三十二回）

这个当儿，见了从京里回来的乡亲们，十个倒有八个讲究说：“咱们这里的张老实前去上京东投亲，不想在半路招了个北京官宦人家的女婿，现在跟了女婿到京城享福去了。”（第三十二回）

他说：“不化你东，不化你西，只化你盘头大闺女。”（第七回）

《儿女英雄传》中“×东”的句法功能分布情况见下表：

形式	句法功能	
	宾语	定语
×东	5	8
比重	38.5%	61.5%

不同于《金瓶梅词话》时期的“×东”在句中主要作宾语和中心语，《儿女英雄传》时期方位短语“×东”的句法功能以作定语为主。“×东”在句中多分布在一个事物前，表事物所处的方位。

（三）“东×”的句法功能分布

发展到《儿女英雄传》时期，“东×”在句中主要作宾语。《儿女英雄传》中“东×”共有123例。

作宾语的有62例，例如：

你听这姑娘的话，就怪不得他方才把庙里走了个遍，就是不曾到东配殿了。（第八回）

说着，把张姑娘搀起，送到东间暂避。（第十回）

一直乱着查到东院，进了角门，将转过拐角墙，一看，但见院子里横七竖八躺着一地和尚，也有有脑袋的，也有没脑袋的，也有囫囵的，也有两截儿的，里头还有个没脸的，却是个妇人。（第十一回）

不想我到了二十八棵红柳树宝庄上一问，说这褚一爷搬到东庄儿上去了，连九公你也不在庄上，说不定那日回来。（第十七回）

作定语的有30例，例如：

那女子回过头来，见东墙边那五个死了三个，两个扎挣起来，在那里把头碰的山响，口中不住讨饶。（第六回）

我们东口儿外头新开了个羊肉馆儿，好齐整馅儿饼，明儿早起咱们在那

儿闹一壶罢。（第三十四回）

安老爷听了大喜，站起身来就同他进了那个东进间的屋门。（第三十九回）

作主语的有12例，例如：

却说安公子在排插后面炕里边守着那个黄包袱，听得东间忽而杀了一个人，忽而救了一个人，哭一阵，笑一阵，骂一阵，拜一阵，听得呆了。（第八回）

老爷只得隔着门又问了一声，说：“这东庄儿在那里？”（第十四回）

公子这番不似前番了，下了驴，上前把那人的袖子扯住，道：“借光，东庄儿在那边儿？”（第十四回）

公子道：“东庄儿怎么倒往西去呢？”（第十四回）

作中心语的有19例，例如：

那地势局面就比褚一官住的那个东庄儿宽敞多了。（第三十九回）

那当家的和尚让公子堂屋正面东首坐下，自己在下相陪。（第五回）

看毕，顺着大殿房脊，回到那禅堂东院，从房上跳将下来。（第六回）

前头全副执事摆开，众材官摆队的摆队，扶轿的扶轿，马头上三声大炮，簇拥着钦差那顶大轿，浩浩荡荡，鸦雀无声，奔了淮城东门而来。（第十三回）

《儿女英雄传》中“东×”的句法功能分布情况见下表：

形式	句法功能			
	宾语	定语	主语	中心语
东×	62	30	12	19
比重	50.4%	24.4%	9.8%	15.4%

可见，《儿女英雄传》时期“东×”在句中的句法功能种类减少。在用例比重上，这一时期“东×”在句中主要作宾语，比重达到了50%以上，作定语的比重降低。

（四）“东”类合成方位词的句法功能分布

发展到《儿女英雄传》时期，“东”类合成方位词仍然可以分为派生式合成方位词和复合式合成方位词两大类。

《儿女英雄传》中“东”类派生式合成方位词共有41例。

“东边”有34例，主要在句中作定语，这样的有20例，例如：

那东边角门墙上却挂着一个木牌，上写“本庙安寓过往行客”。(第五回)

恰好那邓九公正从东边屏门进来，只见他头戴一顶自来旧窄沿毡帽，上面钉着个加高放大的藏紫菊花顶儿，撒着不长的一撮凤尾线红穗子。(第十五回)

来到大厅，安老爷正在外面等候，早有褚家的人同戴勤、随缘儿、赶露儿一班人把车辆预备在东边那个大院落里。(第二十二回)

公子便朝上双手接来，捧着安在东边那张小桌上。(第二十四回)

他便跟着张金凤走到东边案上那个长匣子跟前。(第二十六回)

你看，东边儿这八桌是人家家的。那头抬是一匣如意，一匣通书；二抬便是你们那两件定礼；那六抬是首饰衣服铺盖。他们算省了猪羊鹅酒了。(第二十七回)

张老夫妻如今住得正近，况且又有了家了，清早起来便到东边祠堂来预备代东。(第三十二回)

早听得东边座上那位大人说道：“你当差只顾当差。何用这等大呼小叫的？太不懂官事了！”(第三十四回)

东边门里便有人答应。(第三十九回)

作宾语的有9例，例如：

那店家道：“就在东边儿，隔一家门面，聚合店就是。”(第十二回)

你顺着我的手瞧，西沿子那个大村儿叫金家村，这东边儿的叫青村，正北上一攒子树那一块儿，那是黑家窝铺，这往近了说，那道小河子北边的一带大瓦房……(第十四回)

没多时，只见从东边先进来两个家人，下了屏门的门闩，分左右站着，把定那门。(第二十四回)

说着，褚大娘子早把姑娘拉过东边来站着。(第十四回)

张亲家老爷合褚大姑爷已经叫人开了正门，外面家人早将聘礼一桌桌的抬进来，摆在东边。(第二十七回)

华忠“嗐”了一声，见那边还有许多要狗熊、要耗子的，他看那光景，禁不得再去撒冤去了，便一直引着老爷从文昌阁后身儿绕到东边儿。(第三十八回)

老爷兢兢业业举得升空过顶，从东边献到座前供好了，座旁三揖而退，才退到正中，带领公子行了个四拜的礼。(第三十六回)

作中心语的有3例，例如：

那叫小邓家庄儿，原本是二十八棵红柳树邓老爷子的房，如今给了他女婿一个姓褚的住着，又叫作褚家庄。（第十四回）

将进院门，只见张进宝、华忠、戴勤、晋升、梁材等一干人都站在倒座东边那间窗前，听着两位大奶奶屋里吩咐甚么话呢。（第三十六回）

作主语的有2例：

那时候正值顺天府派来的那一群佐杂官儿要当好差使，不住的来往的喊道：“老爷们，东边归东边，西边的归西边。”（第三十四回）

东边这几件想是“涧溪沼沚之毛，苹蘩蕴藻之菜，筐筥锜釜之器，潢汙行潦之水”。（第三十六回）

“东”与词缀“头”结合形成的“东头”有4例：

山后一道长街，东头有个向东的大栅栏门，便是这庄园的后门。（第二十四回）

北面靠窗尽东头安着一张架子床，悬着顶藕色帐子。（第二十九回）

说着，又见靠东槅扇上也阴湿了，果然照前一样的送进一根带钩子的绳儿来，想要钩住东头儿的闩。（第三十一回）

屋里正北安一张大床，床东头直上摆着三四个箱子，床西脚底下挂着个帘儿。（第七回）

表示“东方”的有3例：

走了一程，到了岔道口，那天才东方闪亮，就从那里上了大道，一直的向茌平县的北门关厢，从城外一路绕向东门关厢，从城外一路绕向东门关厢而来。（第十回）

会合他们旱路上一班好朋友黑金刚郝武、一篓油谢标、草上飞吕万程、叫五更东方亮四个入伙。（第二十一回）

这里安太太合姑娘又谈了一会闲话，东方就渐渐发白起来。（第二十四回）

《儿女英雄传》中“东”类复合式合成方位词共有36例。

反向对举式复合方位词“东西”有20例，例如：

慢说外头的戏馆、饭庄、东西两庙不肯教他混跑，就连自己的大门，也从不曾无故的出去站站望望。（第一回）

我便下了牲口，拴在树上，一纵身上了山门，往庙里一望，只见正殿院落漆黑，只有那东西两院看得见灯火。（第八回）

一进屋门，堂屋三间通连，东西两进间。（第十五回）

上面三间正房，东西六间厢房。（第二十四回）

三个人让他二位出来，分东西席坐好。（第二十九回）

只听张进宝说道：“留俩人这院里招护，咱们分开从东西耳房两路绕到后头去，小心有背旮旯子里窝着的！”（第三十一回）

又见正面设着张大椅子，东西对面两张杌子，因说道：“这首座自然是为我而设了？占了，占了。”（第三十回）

进了店，公子一看，只见店门以内，左右两边都是马棚、更房，正北一带腰厅，中间也是一个穿堂大门，门里一座照壁，对着照壁，正中一带正房，东西两路配房。（第四回）

东西群墙，各有随墙屏门。（第三十九回）

进去，见里头是正面五间正房，东西六间厢房，约莫那后面还有些房子。（第三十九回）

岂有不叫他们一处之理！自然两个人就在他那屋里分东西间住。（第二十三回）

东西下里，尽西头儿有个大苇塘，那地方叫作苇滩，又叫作尾塘，从那里起，直到东边亢家村我那座青枕桥。（第三十三回）

褚一官道：“你瞧这个死心眼儿的，凭他是那村儿，便是咱们东西两庄的人，谁又没到过这院子里呢！”（第十七回）

那里炕上早齐齐整整摆了一桌筵席，舅太太让安公子、何小姐上面并肩坐了，自己合张姑娘东西面相陪。（第二十八回）

北一面，靠碧纱橱东西两架书阁儿。（第二十九回）

金、玉姊妹在东西间分住，屋里的装修槅断都是一样。（第二十九回）

东西的号舍万瓦毗连，夜静时两道文光冲北斗，中央的危楼千寻高耸，晓来时一轮羲驭涌东隅。（第三十四回）

看了看，南是墙面，北作栖身，那个院落南北相去外也不过三尺，东西下里排列得蜂房一般，倒有百十间号舍。（第三十四回）

“南北东西”有 1 例：

他也乐得不分南北东西，不问张王李赵，进了门儿，两只手先拉着俩嬷嬷道了阵喜，然后又乱了一阵。（第三十五回）

“东北”有 2 例：

三间正厅，三间倒厅，东西厢房，东北角上一个角门，两间耳房，像是进里面去的路迳。（第十四回）

说着，又把玉凤姑娘搀到东北墙角跟前。（第二十六回）

“东南”有12例，例如：

公子进门一看，原来里面是三间正殿，东西六间配殿，东南角上一个随墙门，里边一个拐角墙挡住，看不见院落。（第五回）

我父亲见他母子无依，就要留他在家同住，他是执意不肯，在这东南青云山山岗儿上结了几间茅屋，自己同了他母亲住。（第十四回）

安太太走后，只听得鼓乐喧天，花轿已到门首。搭进院子来，抽去老杆，众家人手捧进来，安得面向东南。（第二十七回）

那东南上一片大房子，便是他家的庄园；西北上好些树那里，便是他家的坟地。（第二十三回）

“东西南北”有1例：

安老爷说：“怎的没有！凡是老圈地，都有部颁龙票，那上面东西南北的四至都开得明白。”（第三十三回）

《儿女英雄传》中“东”类合成方位词的句法功能分布情况见下表：

形式	句法功能							
	派生式合成方位词			复合式合成方位词				
	东方	东边	东头	东西	东北	东南	南北东西	东西南北
东	3	34	4	20	2	12	1	1
比重	3.9%	44.2%	5.2%	26.0%	2.6%	15.6%	1.3%	1.3%

《儿女英雄传》时期，“东”类合成方位词大量涌现。《儿女英雄传》“东”类合成方位词共有77例，且“东”类派生式合成方位词超过了复合方位词，比重达到50%以上。这一时期派生式合成方位词“东边”大量出现，在句中主要作定语，常作宾语，出现了儿化音，如“东边儿”；复合式合成方位词“东西”的比重也不断增加，“东西”的句法功能也逐渐丰富；复合式合成方位词中“东南”的使用频率明显高于“东北”，《儿女英雄传》中“东南”的用例是“东北”的6倍；这一时期新出现了合成方位词“东西南北”。整体而言，这一时期“东”类合成方位词系统更加接近于现代汉语中的合成方位词系统。

二、“西”的句法功能演变

（一）“西”的句法功能分布

发展到《儿女英雄传》时期，单纯方位词“西”仍然以作定语为主。《儿女英雄传》中单纯方位词“西”单独作定语的有91例，例如：

日后的南内西内，左迁右迁，父子之间，愈弄愈弄出一番不好处的局面来。（第一回）

他家这坟园又与别家不同，就在靠近西山一带，这地方叫作双凤村。（第一回）

进了正房，东间有槽槅断，堂屋、西间一通连，西间靠窗南炕通天排插。（第五回）

这个当儿，张亲家老爷见过何小姐，才要找女儿、女婿道喜，不曾说得出口，只听舅太太从西耳房一路叨叨着就来了，口里只嚷道：“那儿这么巧事！”（第三十五回）

一时撤酒添羹，阖席饭罢，散坐闲谈了几句，张太太便告辞回家，安老夫妻又向他二位道了奉扰，舅太太也回了西院，他小夫妻三个伺候父母安置，才一同归房。（第三十七回）

作宾语的有23例，例如：

公子向西一望，见那太阳已经衔山，看看的要落下去，便指着说道：“你看，这还赶的过这岗子去吗？”（第五回）

他便用手扭断了锁进去，只见挨北墙靠西也有个小门关着，靠东柴垛后面合着装煤的一个大荆条筐，上面扣着一口破钟，也有水缸般大小。（第七回）

只见他满脸堆欢，不慌不忙，未从开口，先将身子往西一探，向那西间的南炕叫了一声：“安公子！”（第七回）

他说他等着服侍着我归了西，他还给我当女童儿去呢！（第四十回）

作状语的有11例，例如：

不但两岸冲刷，连那民间的田园房舍都冲得东倒西塌，七零八落。（第二回）

那时正是日色西照，他把那笠儿戴得齐眉，遮了太阳，脸上却又照戏上小丑一般，抹着个三花脸儿，还带着一圈儿狗蝇胡子。（第三十八回）

日西矬归家晚饭，稻粥香扑鼻喷喷。（第三十八回）

程相公此时是两只眼睛不够使的，正在东睃西望，又听得那边吆喝：“吃酪罢！好干酪哇！”（第三十八回）

作中心语的有5例，例如：

这一下牲口，正是正西面东，恰恰的合安公子打了一个照面。（第四回）

屋里正北安一张大床，床东头直上摆着三四个箱子，床西脚底下挂着个帘儿。（第七回）

那时我同周三两个才要合他答话，忽然正西上，哧，飞过一枝镖来，正奔了那十三妹的胸前。（第十五回）

作谓语的有5例，例如：

重新转过身子去，身西面东，又一撼，就势儿用右手轻轻的一搿，把那块石头就搿倒了。（第二回）

大家进了门，分了个男东女西，邓九公、褚一官、张老、安老爷便在东边一带椅子上坐了，褚大娘子、张妈妈、何玉凤、安太太便在西边一带椅子上坐了，安太太也叫张金凤搬了个座儿坐下。（第二十四回）

三下里一撑，把天下通行吹灯睡觉的一桩寻常事，一为难，给搁在公中，就在那可西可东的一间堂屋里坐下，长篇大论，整夜价攀谈起来了。（第三十一回）

《儿女英雄传》中“西”的句法功能分布情况见下表：

形式	句法功能				
	定语	宾语	状语	中心语	谓语
西	91	23	11	5	5
比重	67.4%	17.0%	8.1%	3.7%	3.7%

可见，这一时期“西”的句法功能以作定语为主，且比重不断增加。“西”单独作谓语的比重下降。

（二）“×西”的句法功能分布

发展到《儿女英雄传》时期，方位短语“×西”表达的方位更加精确。《儿女英雄传》中“×西”仅出现了5例。

作定语的有2例：

屋里正北安一张大床，床东头直上摆着三四个箱子，床西脚底下挂着个帘儿。(第七回)

进门一看，原来是正北三间正房，正西一带灰棚，正南三间马棚。(第六回)

作中心语的有1例：

跑堂儿的见问，答说：“州城里鼓楼西有座天齐庙，今儿十五，是开庙的日子，差不多儿都要去烧炷香，都是行好的老爷。”(第三十八回)

作状语的也有1例：

那时我同周三两个才要合他答话，忽然正西上，哧，飞过一枝镖来，正奔了那十三妹的胸前。(第十五回)

作宾语的有1例：

这一下牲口，正是正西面东，恰恰的合安公子打了一个照面。(第四回)

《儿女英雄传》中“×西”的句法功能分布情况见下表：

形式	句法功能			
	定语	中心语	状语	宾语
×西	2	1	1	1
比重	40%	20%	20%	20%

这一时期方位短语“×西”中“×”逐渐细化，体现了随着方位语言的使用率的上升而上升的趋势，区域方位划分也逐渐细化；同时，《儿女英雄传》时期新出现了方位短语“×西”在句中作中心语的情况。

(三)“西×”的句法功能分布

发展到《儿女英雄传》时期，“西×”在句中主要作宾语。

《儿女英雄传》中“西×”作宾语的有39例，例如：

顺路到了西配殿，一望，寂静无人。(第六回)

他恐怕那妇人到西间去，看见安公子又得费一番唇舌，便站在当门，让

那母女二人在那张木床上坐下，说道：“姑娘少坐，等我请个人来给你见见。”（第七回）

这个当儿，安老爷出去不知到那里走了一荡，回来道：“姑娘，到正殿上看看去罢。”说着，大家出了西厢房。（第二十四回）

何小姐趁他入绳子的时节，暗暗的早把这头儿横闩依然套进那环子去，把那搭闩的钩子给他脱落出来，却隐身进了西间。（第三十一回）

那时因褚大娘子起了身，腾出西耳房来，舅太太仍就搬过去，公子合金、玉姊妹便在那边吃过晚饭，直到起更才过这边来。（第三十二回）

作定语的有33例，例如：

接着那两个和尚把行李等件送了进来，堆在西间炕上。（第五回）

那邓九公正在挥拳，忽见一个人从西角门儿里出来相劝，定睛一看，只见那人穿一件老脸儿灰色三朵菊的库绸缺衿儿棉袍，套一件天青荷兰雨缎厚棉马褂儿，卷着双银鼠袖儿，头上罩着个蓝毡子帽罩儿，看不出甚么帽子，有顶戴没顶戴来。（第十五回）

二人一同出了西游廊角门，顺着游廊过了钻山门儿。（第三十三回）

作中心语的有11例，例如：

只有三间西殿还糊着窗纸，可以住人。（第五回）

这日胡知县接了地保的禀报，问了问这西乡离县衙有三十多里，便传了次日下乡。（第十一回）

说着，一手搀了安太太，一手拉着张姑娘，连安老爷父子都让在后厦西里间暂坐。（第二十一回）

是安老爷再三不肯让他在外住，便把褚大娘子留在游廊西院儿住下，邓九公合褚一官便在公子的书房下榻。（第二十四回）

作主语的有8例，例如：

安老爷便指点给他道：“姑娘，你看，这正面是个正座，东厢房算个客座，西厢房便是你的座落，其余作个下房，这边还有个夹道儿通着后院。”（第二十四回）

合张姑娘一路说笑着，便站起来到大案前看西墙挂的那幅堂轴，见画的是仿元人《三多图》，落款是“友生声庵莫友士写意”。（第二十九回）

说着，西路去的人也转到这院子来了，绳子也来了。（第三十一回）

鼓声敲，敲渐低，曲将终，鼓瑟希，西风紧吹啼猿起。（第三十八回）

作状语的仅有1例：

姑娘听了这话，益发觉得这位伯父想得到家，说得有理，便请大家西厢房坐。（第二十四回）

《儿女英雄传》中“西×”的句法功能分布情况见下表：

形式	句法功能				
	宾语	定语	中心语	主语	状语
西×	39	33	11	8	1
比重	42.4%	35.9%	12.0%	8.7%	1.1%

可见，这一时期“西×”的句法功能种类减少。在用例比重上，“西×”在句中作宾语的比重超过了作定语的比重，且多用来表示屋舍的方位。

（四）“西”类合成方位词的句法功能分布

发展到《儿女英雄传》时期，“西”类合成方位词仍然可分为派生式合成方位词和复合式合成方位词两大类。

派生式合成方位词有32例，由“西方”“西头”“西边”三类组成。

“西头”在《儿女英雄传》中有3例：

正中山门外面用乱砖砌着，左右两个角门，尽西头有个车门，也都关着。（第五回）

张姑娘想道是：“天呢，却不早了，此时我要让他早些儿歇着罢，他有姐姐早间那句话在肚子里，惝然如东风吹杨柳，顺着风儿就飘到西头儿来了，可不像为晌午那个岔儿，叫他冷淡了姐姐？”（第三十一回）

东西下里，尽西头儿有个大苇塘，那地方叫作苇滩，又叫作尾塘，从那里起，直到东边亢家村我那座青枕桥。（第三十三回）

“西边”有28例。

在句中主要作定语，这样的有13例，例如：

说着，便把张乐世张老头儿让在堂屋西边春凳上，张老婆儿母女二人让在东边春凳上。（第七回）

这个当儿，何小姐早到了堂屋里，把他失手扔的那根绳子拿在手里，却贴着西边第二扇槅扇蹲着，看他怎的般鼓捣。（第三十一回）

那贼道：“小的们来是从西边史家房上过来，绕到这里的。及至到了房上一看，下来不得了。”（第三十一回）

姑娘只得连忙过去，安老爷也一样的把身子一闪，姑娘接过那个匣子来，心里一积伶，说：“这匣管保该放在西边小案上。”（第二十四回）

便是我张金凤的爹妈，也蒙公婆在这西边一带一样的盖了这样一所房子，作为我爹妈现在的住房，我张金凤将来的家庙。（第二十六回）

西边的八桌便是九公合褚姑奶奶给你办的妆奁。（第二十七回）

常作宾语，这样的有8例，例如：

那时候正值顺天府派来的那一群佐杂官儿要当好差使，不住的来往的喊道：“老爷们，东边归东边，西边的归西边。”（第三十四回）

一时，早见堂屋里靠西边那扇大槅扇上水湿了一大片，他便轻轻的出了东间屋门，躲在堂屋里东边这扇槅扇边，看那个贼待要怎的。（第三十一回）

褚一官也叫人把他家的帮箱的妆奁摆在西边。（第二十七回）

他从贪心里又起了个飞智，便想用西边这根绳儿先把这头儿的门系到地，腾出绳儿来，再系东边的那头儿，早又鹤行鸭步的奔到西边儿去。（第三十一回）

早见当院里摆着香烛供桌，金、玉姊妹在东边迎接，一群仆妇丫鬟都在西边叩见。（第三十六回）

立起身来，又从西边上去撤下那杯酒，捧着作了个揖。（第三十六回）

作状语的有3例，例如：

设或妹子一个不肯，推让起来，他便是水向东流，西边绕个弯儿，又流过来了，我又怎生对的住妹子？（第三十一回）

东边这人便把这头儿绾在安公子左手，西边那人便把那头儿绾在何小姐右手。（第二十八回）

作主语的有2例：

进门来，只见极宽的一个院落，也有个门房，西边一带粉墙，四扇屏门。（第十四回）

两座砖砌石盖的平面马台石，西边马台石上坐着个干瘦老者，却是面西正东，看不见他的面目，怀中抱了一个孩子，又有个十七八岁的村童蹲在地下引逗那孩子耍笑。（第十四回）

作中心语的有2例：

他两口儿择吉搬过祠堂西边那所新房去，一应家具安置得妥当。（第三十二回）

帐子外头一个人站在那里嚷道：“撒官板儿一位！瞧瞧这个凤凰单展翅！”老爷一看，就比那西边儿安静多了。（第三十八回）

“西方”仅有1例：

因笑道：“姑娘，你不见那上面四个字写得是‘七宝莲池’，这池里面的水就叫作‘八功德水’，这是西方救度众生离苦恼的一个慈悲源头。”（第二十四回）

“西”类复合式合成方位词共有40例。

反向对举式复合方位词“东西”有20例，如：

“西南”有6例，例如：

西南上一个栅栏门，里面马棚槽道俱全。（第五回）

他老人家也断不肯说是灰色的，说太阳从西边儿出来，他老人家也断不肯说从西南犄角儿出来——只是那有这等一个大酒量呢！（第十四回）

一个大宽转院落，两棵大槐树不差甚么就遮了半个院子，也堆着点子高高矮矮不成文理的山石，也种着几丛疏疏密密不合点缀的竹子，又有个不当不正的六角亭子在西南角上。（第十五回）

“西北”有12例，例如：

只见三间正房，两间作厨房，屋里西北另有个小门，靠禅堂一间堆些柴炭。（第六回）

进了那小门一看，只见并无一物，止一条黑夹道子，从那间柴炭房北墙后面直通到两间厨房的西北墙角那个门去，从那门缝里便看得见厨房灯光，也不像有甚么原故。（第七回）

四围一看，西面板壁门窗，南北东三面却是砖墙，西北角留个进风出气的气眼。（第七回）

一个花铃儿，一个柳条儿，是四下里混跑，一直跑到紧后院西北角上一座小楼儿跟前。（第三十五回）

便走上去直橛橛的说道：“回老爷，这天西北阴上来了，咱们可没带雨伞哪！”（第三十八回）

老爷看了看西北上果然有些阴过来，便不及和那道士细谈，同了程相公一行人出了天齐庙的那个后门儿，一路回店里来。（第三十八回）

我朝设立西北、西南两路镇守边疆的这几个要缺，每年到了换班的时候，

凡如御前乾清门的那班东三省朋友，那个不羡慕这缺是个发财的利途？（第四十回）

“东南西北”和“南北东西”各1例。

《儿女英雄传》中“西”类合成方位词的句法功能分布情况见下表：

形式	句法功能							
	派生式合成方位词			复合式合成方位词				
	西方	西头	西边	东西	西南	西北	东南西北	南北东西
西	1	3	28	20	6	12	1	1
比重	1.4%	4.2%	38.9%	27.8%	8.3%	16.7%	1.4%	1.4%

可见，相对于《金瓶梅词话》时期，《儿女英雄传》时期“西”类合成方位词大量涌现，合成方位词的类别也逐渐丰富起来。这一时期“西”类派生式合成方位词“西边”大量出现，且在句中主要作定语和宾语，“西方”的用例比重大幅度下降；复合式合成方位词仍然以反向对举式复合方位词“东西”为主，且出现的比重增加，“西北”的使用率超过了“西南”，是“西南”的两倍。

三、“南”的句法功能演变

（一）“南”的句法功能分布

发展到《儿女英雄传》时期，“南”在句中的句法功能仍以作定语为主。《儿女英雄传》中以作定语为主，这样的有57例，例如：

教老爷说的，真个的，我们孩子怎么了，就娶个南山里北村里的？（第二回）

那女子听了，便一手提着石头，款动一双小脚儿，上了台阶儿，那只手撩起了布帘，跨进门去，轻轻的把那块石头放在屋里南墙根儿底下。（第四回）

听了听，安公子合张姑娘在卧房里正睡得安稳，南床上的华嬷嬷合柳条儿已是受了那屋里些熏香气息，酣睡沉沉。（第三十一回）

那时乌大爷早从通州查完了南粮回来，安老爷预先托下他，一听下宣来，即忙给个主考房官单子，打算听了这个信，才打发公子进城。（第三十四回）

作宾语的有13例，例如：

那女子更不答言，他先挽了挽袖子，把那佛青粗布衫子的衿子往一旁一缅，两只小脚儿往两下里一分，拿着桩儿，挺着腰板儿，身北面南，用两只手靠定了那石头，只一撼，又往前推了一推，往后拢了一拢，只见那石头脚根上周围的土儿就拱起来了。(第四回)

他两个不往南走，引了安公子往北而行。(第五回)

宝莹便是家君定的，记得这山向是子午兼三的正向，今年三煞在南，如何动得！(第二十三回)

你们要不服，过了事儿，只管到山东茌平县岔道口二十八棵红柳树邓家庄儿找我，我那里是个坐北朝南的广梁大门，门上挂一面黑漆金字匾，匾上有‘名镇江湖’四个大字，那就是我舍下。(第三十二回)

作主语的仅1例：

看了看，南是墙面，北作栖身，那个院落南北相去外也不过三尺，东西下里排列得蜂房一般，倒有百十间号舍。(第三十四回)

作状语的有10例，例如：

诸事安排已毕，这老爷、太太辞过亲友，拜别祠堂，便择了个长行吉日，带领里外一行人等，起身南下。(第二回)

这也不是我花钱买来的，都是这些年南来北往那些字号行里见我保得他全镖无事，他们送我的，可倒都是地道实在货儿，你留着陆续作件衣裳。(第二十七回)

老贤侄，你将来作了大官，南征北讨，给万岁爷家出点子力，戴个红顶子，给你老爷子、老太太扬扬名，风光风光，好不好？(第二十八回)

作中心语的有10例，例如：

正说到这句话，只见一个人骑着一头黑驴儿，见从路南一步步慢慢的走了过去。(第四回)

进了正房，东间有槽槅断，堂屋、西间一通连，西间靠窗南炕，通天排插。(第五回)

作谓语的有2例：

讲到自己护送，无论家有老母不能分身远离，就便得分身，他两家一南一北，两路分程，不能兼顾，其势不得不把两家合成一路。(第十回)

张姑娘随后赶到帘子跟前，往外一看，原来他头南脚北跪在当院子里碰头呢。(第二十七回)

《儿女英雄传》中“南”的句法功能分布情况见下表：

形式	句法功能					
	定语	宾语	主语	状语	中心语	谓语
南	57	13	1	10	10	2
比重	61.3%	14.0%	1.1%	10.8%	10.8%	2.2%

可见，《儿女英雄传》时期单纯方位词“南”在句中仍然以作定语为主。这一时期“南”单独作宾语的比重增加，作中心语的比重降低。

(二)“×南”的句法功能分布

发展到《儿女英雄传》时期，方位短语“×南”的用例不多。《儿女英雄传》中方位短语“×南”共有10例。

主要在句中作宾语，这样的有4例，例如：

正说到这句话，只见一个人骑着一头黑驴儿，见从路南一步步慢慢的走了过去。(第四回)

进了正房，东间有槽槅断，堂屋、西间一通连，西间靠窗南炕，通天排插。(第五回)

作定语的有3例：

这三个人同了大鼻子金大力、小眼儿窦云光，从前在淮南一带以至三江、两浙江河湖海里面劫脱客商，那水师官兵等闲不敢正眼来看他。(第二十一回)

一抬头，先见正南窗户上槛悬着一面大长的匾额，古宣托裱，界画朱丝，写着径寸来大的角四方的颜字。(第二十九回)

不空和尚这东西大概也瞧出我那难过来了，他说：“路南里有个雅座儿，不咱们挪过那边去座罢。”(第三十二回)

作主语的有2例：

进门一看，原来是正北三间正房，正西一带灰棚，正南三间马棚。

（第六回）

一直的走出了这五里长街，只见路南一座小野茶馆儿，外面有几个庄稼汉在那里喝茶闲话。（第十四回）

作状语的仅有1例：

你瞧，我江南江北关里关外好容易创到这个分儿了，今日之下，你们偏在我眼皮子底下把我的好朋友家糟蹋了个土平，我不答应！（第三十一回）

《儿女英雄传》中“×南”的句法功能分布情况见下表：

形式	句法功能			
	宾语	定语	主语	状语
×南	4	3	2	1
比重	40%	30%	20%	10%

可见，这一时期方位短语“×南”数量减少，作定语的比重大幅度下降，作宾语的比重提升，在句法功能种类上与《金瓶梅词话》时期并无二致。

（三）“南×”的句法功能分布

发展到《儿女英雄传》时期，“南×”在句中主要作定语。

《儿女英雄传》时期“南×”在句中作定语的有24例，例如：

只见那人是个端正清奇不胖不瘦的容长脸儿，一口微带苍白疏疏落落的胡须，身穿一副行装，头上戴个金顶儿，桌子上放着一个蓝毡帽罩子，身上背的正是他那张砑金镂银铜胎铁背打二百步开外的弹弓，坐在那南炕的上首。（第十七回）

不想今日之下得了这样相貌端庄性情贤慧的一对儿、真个一个是南山里的，一个是北村里的。（第二十七回）

何小姐到了这屋里，便合张姑娘在外间靠窗南床上坐下，早有华嬷嬷、丫鬟柳条儿送上茶来。（第二十九回）

南屋里亲家太太早睡下了，舅太太才打发人来问来着，要不爷奶奶也早些歇着罢。（第三十一回）

这两天在南城外头，只差了没把我的肠子给怄断了，肺给气乍了！（第三十二回）

作宾语的有21例，例如：

书里交代过的：从这山往南岔道，便是上二十八棵红柳树的路……（第五回）

原来这莫友士先生在南书房行走，便在海淀翰林花园住。（第二十三回）

说着，到南屋转了一转，便过上房去不提。（第二十八回）

那雅座儿只管后墙上有个南窗户，比没窗户还黑。（第三十二回）

作中心语的有7例，例如：

靠西壁又是一张独睡床，靠东墙南首一架衣裳格子，北首一桌两机，靠南墙一张春凳。（第七回）

他便把尹先生的一碗安在西间南炕炕桌上首，下首又给邓九公安了一碗，还剩一碗，说：“姑娘这里陪。”（第十七回）

说着，随意吃些东西，盥漱已毕，安太太合何玉凤姑娘便在东间南炕，褚大娘子合张金凤姑娘便在西间南炕睡下。（第二十回）

作主语的仅有1例：

姑娘随众进来一看，只见那屋子南北两间都是靠窗大炕，北间隔成一个里间，南间顺炕安着一个矮排插儿，里外间炕上摆着坐褥、炕桌儿，地下也有几件粗木油漆桌凳，略无陈设。（第二十四回）

《儿女英雄传》中“南×”的句法功能分布情况见下表：

形式	句法功能			
	定语	宾语	中心语	主语
南×	24	21	7	1
比重	45.3%	39.6%	13.2%	1.9%

与《金瓶梅词话》时期相比，这一时期“南×”的句法功能种类减少。在比重关系上，“南×”以作定语为主，作宾语的比重大幅度降低，作中心语的比重增加；同时，“南×”中“×”由原来大的地点、事物变为小范围的区域、事物。

（四）“南”类合成方位词的句法功能分布

发展到《儿女英雄传》时期，“南”类合成方位词仍然由派生式合成方位词和复合式合成方位词两部分组成。

《儿女英雄传》中“南”类派生式合成方位词共有15例。

“南头”有6例，例如：

这个当儿，那跑堂儿的从外头跑进来，就往西配房尽南头正对着自己住的这间店房里让。(第四回)

南头一间，堆着一地喂牲口的草，草堆里卧着两个人。(第六回)

搜到南头那间，见关着扇门，大家巴着窗户瞧了瞧，早瞧见草堆边露着两只脚，说：“得了，尸身有了!”(第十一回)

走了里许，好容易看见路南头远远的一个小村落，村外一个大场院，堆着大高的粮食，一簇人像是在那里扬场呢。(第十四回)

当下我两个一个站在北面，一个站在南头，亮了兵器，就交起手来。(第十五回)

“南边（儿）”有6例，例如：

只见那瘦子紧了紧腰，转向南边，向着那女子吐了个门户，把左手拢住右拳头，往上一拱，说了声“请”。(第六回)

南北下里，南边对着我家庄门那座山的山阳里，有一片枫树林子，那地方儿叫作红叶村，从那里起，直到庄后我合你说过的那个元武庙止……(第三十三回)

程相公道：“老伯又来了，我们南边那个‘蜃’字读作上声，‘顺’字读作去声，怎合得到一处呢?”(第三十八回)

只那南边儿靠着东墙围着个帐子，约莫里头是个书场儿；北边却围着个簇新的大蓝布帐子，那帐子门儿外头也站着俩人，还都带着缨帽儿，听他说话的口音，到像四川、云、贵一路的人。(第三十八回)

华忠满院子里看了一遍，只找不出个坐儿来，说：“不然请老爷到南边儿那书场儿的板凳上坐坐去罢。”(第三十八回)

《儿女英雄传》中出现了“×”+“以南”的情况，这样的有3例：

这老枭，大江以南叫作“猫头鸱”，大江以北叫作“夜猫子”，深山里面随处都有。(第五回)

那曲折槅子东边夹空地方，竖着架衣裳格子，上面还大大小小放着些零星匣子之类，那衣格以北、卧床以南、靠东壁子当中，放着一张方桌，左右两张杌子。(第二十九回)

原来大凡大江以南的朋友见了人，是个见过的，必先叫一声；没见过的，

必先问问：“这个可是某人不是？”（第三十七回）

“南”类复合式合成方位词在《儿女英雄传》中共出现了23例。

反向对举式复合方位词“南北”有3例：

姑娘随众进来一看，只见那屋子南北两间都是靠窗大炕，北间隔成一个里间，南间顺炕安着一个矮排插儿，里外间炕上摆着坐褥、炕桌儿，地下也有几件粗木油漆桌凳，略无陈设。（第二十四回）

看了看，南是墙面，北作栖身，那个院落南北相去外也不过三尺，东西下里排列得蜂房一般，倒有百十间号舍。（第三十四回）

慢讲这大江南北，那怕三江两湖、川陕云贵，以至关里关外，但是个有点听头儿的，提起来大概都知道他个根儿襻儿，你问谁罢？（第十五回）

“东南”有12例，例如：

他这所住宅门前远远的对着一座山峰，东南上有从滹沱，桑乾下来的一股来源，流向西北，灌入园中。（第二十四回）

张姑娘便催新郎给新人摘了同心如意，富贵荣华，都插在东南墙角上。（第二十八回）

又在东南上盖了一座小小庄子，虽然算不得大园庭，那亭台楼阁树木山石，却也点缀结构得幽雅不俗。（第一回）

这东南大道上岔下去，有条小道儿，顺着道儿走，二十里外有个地方，叫二十八棵红柳树，你知道不知道？（第四回）

“西南”有6例，例如：

此去拥十万貔貅，作西南半壁，建大业，爵上公，炳旗常，铭钟鼎，振铄千秋，都不足虑；所虑者，足下天资过高，人欲过重，才有余而学不足以养之。（第十八回）

两个骡夫跟着，顺着西南大路奔长新店而来。（第三回）

“东西南北”有1例：

安老爷说：“怎的没有！凡是老圈地，都有部颁龙票，那上面东西南北的四至都开得明白。只是老年的地不论顷亩，只在一夫之力一天能种这块地的多少上计算，叫作一晌。所以那顷数至今我再也弄不清了。”（第三十三回）

“南北东西”有1例：

他也乐得不分南北东西，不问张王李赵，进了门儿，两只手先拉着俩嬷

嬷道了阵喜，然后又乱了一阵。(第三十五回)

《儿女英雄传》中“南”类合成方位词的句法功能分布情况见下表：

形式	句法功能							
	派生式合成方位词			复合式合成方位词				
	以南	南边（儿）	南头	南北	东南	西南	东西南北	南北东西
南	3	6	6	3	12	6	1	1
比重	7.9%	15.8%	15.8%	7.9%	31.6%	15.8%	2.6%	2.6%

可见，这一时期新出现了派生式合成方位词“以南”，“以南”与地名结合组成方位短语，新出现了派生式合成方位词“南边儿”。儿化音在这一时期出现并多分布于“西边”“南边”等方位词后。复合式合成方位词中“东南”出现的频率高于“西南”，是“西南”的2倍。

四、“北”的句法功能演变

(一)“北”的句法功能分布

发展到《儿女英雄传》时期，“北”的句法功能仍以作定语为主。

《儿女英雄传》中单纯方位词“北”作定语的有29例，例如：

老爷说：“倒也不在乎富室豪门，只要得个相貌端正、性情贤慧、持得家、吃得苦的孩子，那怕他是南山里、北村里，都使得。”(第二回)

进门一看，原来是正北三间正房，正西一带灰棚，正南三间马棚。(第六回)

邓九公便让安老爷在中间北床坐下，公子在靠南窗坐下。(第十五回)

作宾语的有8例，例如：

把那个文绉绉的雏儿诳上了道儿，咱们可不往南奔二十八棵红柳树，往北奔黑风岗。(第四回)

说着，一个认镫跨上骡子，那个把边套搒绳搭在骡子上，骑上那头剗骡子，一直的向北去了。(第十一回)

便放在靠北壁子地桌下首。(第十七回)

安公子此时卸下那身累赘来，觉得周身好不松快，便同了那人逍遥自在

的迤逦向北而来。（第三十四回）

作主语的有1例：

看了看，南是墙面，北作栖身，那个院落南北相去外也不过三尺，东西下里排列得蜂房一般，倒有百十间号舍。（第三十四回）

作状语的有8例，例如：

安老爷本因告病，一向不曾出门，也不拜客辞行，择了个长行日子，便渡黄北上。（第十四回）

到了次日早起，张老、程相公依然同了一众家人护了家眷北行，去到茌平那座悦来老店落程住下。（第十四回）

余外还有绣缂呢雨绸缎绫罗，以至实漏纱葛夏布都有，一共四百件子；这也不是我花钱买来的，都是这些年南来北往那些字号行里见我保得他全镖无事，他们送我的，可倒都是地道实在货儿，你留着陆续作件衣裳。（第二十七回）

作中心语的有60例，例如：

进了店，公子一看，只见店门以内，左右两边都是马棚、更房，正北一带腰厅，中间也是一个穿堂大门，门里一座照壁，对着照壁，正中一带正房，东西两路配房。（第四回）

若讲我们这位安太老爷，真算得江北的第一位好官府。（第十二回）

吾谁欺？欺燕北闲人乎？（第二十七）

那燕北闲人果然生来的闲身闲心，现成的闲茶闲饭，闲得没事作，教他弄这闲笔墨，消这闲岁月倒也罢了；想来他也该作得些些事业，爱个小小声名，也须女嫁男婚，也须穿衣吃饭。（第二十八回）

作谓语的有3例：

那女子更不答言，他先挽了挽袖子，把那佛青粗布衫子的衿子往一旁一缅，两只小脚儿往两下里一分，拿着桩儿，挺着腰板儿，身北面南，用两只手靠定了那石头，只一撼，又往前推了一推，往后拢了一拢，只见那石头脚根上周围的土儿就拱起来了。（第四回）

讲到自己护送，无论家有老母不能分身远离，就便得分身，他两家一南一北，两路分程，不能兼顾，其势不得不把两家合成一路。（第十回）

张姑娘随后赶到帘子跟前，往外一看，原来他头南脚北跪在当院子里碰头呢。（第二十七回）

《儿女英雄传》中“北”的句法功能分布情况见下表：

形式	句法功能					
	定语	宾语	主语	状语	中心语	谓语
北	29	8	1	8	60	3
比重	26.6%	7.3%	0.9%	7.3%	55.0%	2.8%

可见，《儿女英雄传》时期单纯方位词“北”的句法功能发生了很大变化，这一时期“北”的句法功能种类增加，“北”在句中主要作中心语，且占绝对优势，作定语和状语的比重大幅度降低。

（二）“×北”的句法功能分布

发展到《儿女英雄传》时期，方位短语“×北”大量涌现。《儿女英雄传》中方位短语“×北”共有59例。

“×北”主要在句中作定语，这样的有50例，例如：

可算不得天子脚底下的人，生长在江北淮安，住家在山东茌平，也有个小小的名声儿，人称我一声邓九公！（第三十一回）

那燕北闲人早轻轻儿的把位舅太太放在中间，这文章尽够着了，不必是这等呆写。（第二十九回）

这桩事，但凡记得些老年旧事儿的，想都深知，须不是燕北闲人扯谎。（第四十回）

作主语的有4例，例如：

直走到那镇市中间，路北便是那座悦来老店。（第四回）

进门一看，原来是正北三间正房，正西一带灰棚，正南三间马棚。（第六回）

街北是座红货铺，那园子门口儿总摆那么俩大筐，筐里堆着岗尖的瓜子儿。（第三十二回）

作中心语的有3例，例如：

屋里正北安一张大床，床东头直上摆着三四个箱子，床西脚底下挂着个帘儿；靠西壁又是一张独睡床，靠东墙南首一架衣裳格子，北首一桌两机，靠南墙一张春凳。（第七回）

走了不远，便望见庄园那座大土山，对面正北果然有他家一座家庙，不曾到得跟前，东首便是一座小庙的样子。（第二十四回）

作宾语的仅有1例：

你道你是往河南去，如果往河南去，从上路就该岔道，如今走的正是阿布大路，奔江南江北的一条路程，若说你往南河淮安一带，还说得去，怎的说到是往河南去？（第五回）

作状语的也有1例：

你瞧，我江南江北关里关外好容易创到这个分儿了，今日之下，你们偏在我眼皮子底下把我的好朋友家糟蹋了个土平，我不答应！（第三十一回）

《儿女英雄传》中“×北”的句法功能分布情况见下表：

形式	句法功能				
	定语	主语	中心语	宾语	状语
×北	50	4	3	1	1
比重	84.7%	6.8%	5.1%	1.7%	1.7%

可见，发展到《儿女英雄传》时期，方位短语[①]“×北”大量出现，且句法功能种类逐渐丰富，“×北”在句中主要作定语，占绝对优势，常作主语和中心语。

（三）“北×”的句法功能分布

发展到《儿女英雄传》时期，“北×”仍然以作定语为主。

《儿女英雄传》中“北×”在句中作定语的有14例，例如：

教老爷说的，真个的，我们孩子怎么了，就娶个南山里北村里的？（第二回）

从来造就人材是天下第一件难事，不懂一个北村里的怯闺女，怎的到了安太太手里才得一年，就会把他调理到如此！（第二十五回）

张姑娘这屋里却是齐着前后两卷的中缝安着一溜碧纱橱，隔作里外两间，

① 储泽祥先生在《方位短语历史演变》曾总结出方位短语历史演变的几个特点：结构方式上，由多种方式发展为单一方式；结构类别上，类别逐渐丰富，但发展不均衡；语义关系上，一些名、方配合逐渐形成语义上的要求。

南一间算个燕居，北一间作为卧室。(第二十九回)

常作宾语，这样的有7例，例如：

书里交代过的：从这山往南岔道，便是上二十八棵红柳树的路；往北岔道，便是上黑风岗的路。(第二回)

他便用手扭断了锁进去，只见挨北墙靠西也有个小门关着，靠东柴垛后面合着装煤的一个大荆条筐，上面扣着一口破钟，也有水缸般大小。(第七回)

正中靠北墙安着一张大供案，案上先设着一座一殿一卷雕刻细作的大木龛，龛里安着一座小小的佛床。(第二十四回)

话虽这等说，假使安公子果的从此上了乌里雅苏台，满了北路再调南路，满了南路再调西路，三年不回便是六年，六年不回便是九年，弄得他家父子不相见，兄弟妻子离散，无论安水心先生那等的德门，安龙媒那样的天性，断断不得遭此孽障。(第四十回)

作主语的有5例，例如：

那十三妹左手托了砚台，右手把笔蘸得饱了，跳上桌子，回头叫安公子举灯照着，他便在那正中对着房门的北墙上，笔墨淋漓，写了两行大字。(第十回)

如不见谅，我抄总儿说一句：泰山可撼，北斗可移，我这条心、这句话，断不能改！(第二十五回)

那时正是十月上旬天气，北地菊花盛开，他早购了些名种，院子里小小的堆起一座菊花山来，屋里簪瓶列盎，也摆得无处不是菊花。(第三十回)

作中心语的有2例：

邓九公便让安老爷在中间北床坐下，公子在靠南窗坐下。(第十五回)

进了那小门一看，只见并无一物，止一条黑夹道子，从那间柴炭房北墙后面直通到两间厨房的西北墙角那个门去，从那门缝里便看得见厨房灯光，也不像有甚么原故。(第七回)

《儿女英雄传》中“北×”的句法功能分布情况见下表：

形式	句法功能			
	定语	宾语	主语	中心语
北×	14	7	5	2
比重	50%	25%	17.9%	7.1%

可见，这一时期“北×”在句中仍然主要作定语，占50%的比重。

（四）“北”类合成方位词的句法功能分布

发展到《儿女英雄传》时期，“北”类合成方位词大量涌现。《儿女英雄传》中“北”类合成方位词仍可分为派生式合成方位词和复合式合成方位词两类。

“北”类派生式合成方位词有20例。

“以北”有3例：

这老枭，大江以南叫作“猫头鸱”，大江以北叫作“夜猫子”，深山里面随处都有。（第五回）

不东以西，不南以北；当事而存，靡他其适。（第二十九回）

那曲折槅子东边夹空地方，竖着架衣裳格子，上面还大大小小放着些零星匣子之类，那衣格以北、卧床以南、靠东壁子当中，放着一张方桌，左右两张杌子。（第二十九回）

“北面”有10例，例如：

一则，我们的宗祠里本来没有地方了；二则，这园子北面、土山以后、界墙以前，正有一块空地，你就在这地方正中给我盖起三间小小祠堂，立主供奉。（第一回）

只东屋里因作新房，那张合欢床规矩设在靠南窗，便把两卷打作通连，匀出北面来摆妆奁安坐落。（第二十九回）

北面却又槅断一层，一个小门，似乎是个堆零星的地方，屋里也放着脸盆架等物。（第五回）

看着北面那一槽隔断，安的有些古怪。（第七回）

进了大门，顺着一路群房，北面一带粉墙，正中一座甬瓦随墙门楼，四扇屏风。（第二十四回）

他自己却在北面靠桌上首杌子上坐下，把那把刀放在桌儿里边靠墙。（第七回）

抬进来，老爷亲自带了家人把那椅子安在中堂北面，椅子前头便设下那张书案。（第三十六回）

“北边（儿）”6例，例如：

看完，又到北边那顶柜子跟前，把锁头开开一看，心中大喜，说：“在这里了！”（第七回）

说着，便拉了那妇人，脚不沾地的进了北边那隔断门，正不知他那里去了。(第七回)

只那南边儿靠着东墙围着个帐子，约莫里头是个书场儿；北边却围着个簇新的大蓝布帐子，那帐子门儿外头也站着俩人，还都带着缨帽儿，听他说话的口音，到像四川、云、贵一路的人。(第三十八回)

又说道：“大兄弟，你瞧，起脚底下到北边儿，不差甚么一里多地呢。我瞧你了不了，这儿现成的水火夫，咱们破俩钱儿雇个人就行了。”（第三十四回)

“北头”仅有1例：

那门里一条夹道，约莫有二尺来宽，从北头砌就楼梯一般一层层的台阶下去，靠西一带砖墙，靠东一层槅断板子，中间方窗，南头有个小门，从门里直透出灯光来。(第七回)

“北”类复合式合成方位词共有31例。

反向对举式复合方位词“南北”有15例，例如：

余馆于先生家最久，宦游南北，遂不相闻。(第十二回)

公子一面答礼，回头看了看，那配殿里原来是三间通连，南北顺山两条大炕，却也实在难住，便同了那和尚往东院而来。(第五回)

左右南北①摆着一对小平顶柜。(第五回)

一进街来，南北对面都是些栈房店口，也有烧锅、当铺、杂货店面。(第十四回)

只见靠西墙分南北摆两座墩箱，上面一边摞着两个衣箱，当中放着连三抽屉桌，被格上面安着镜台妆奁，以至茶筅漱盂许多零星器具。(第二十九回)

时承平久，萑苻蠭起，凡南北挟巨资通有无者，多有戒心。(第三十九回)

“东北”有2例：

---

① 储泽祥先生将方位词称为方位标，并指出方位标的复标式有两类，将像“东南西北”类典型标与典型标相复合的情况归入方位标的复标式，而此处的“左右南北”显然不是我们通常见到的“四四型”的复标式，因为“四四型”的复标式有一个明显的倾向：同类的典型标，或者说，有内在联系的典型标，更容易结合在一起。此处“左右南北”不在同一层次，可以添加成分显示出来，如“左右（两边）（按）南北（方向）摆着一对小平顶柜”；从功能角度上说，“左右”是主语，“南北”是状语。参见储泽祥. 现代汉语方所系统研究［M］. 2版. 武汉：华中师范大学出版社，2003.

说着，又把玉凤姑娘搀到东北墙角跟前。（第二十六回）

一进门来，只见极宽的一个院落，也有个门房，西边一带粉墙，四扇屏门；进了屏门便是一所四合房：三间正厅，三间倒厅，东西厢房，东北角上一个角门，两间耳房，像是进里面去的路迳。（第十四回）

“西北”有12例，例如：

自来“无巧不成话”，不想这茌平县的西北乡偏偏出了一案，地保报到县里。（第十一回）

那庄客便让老爷到西北角上那个角门里两间耳房坐定，他们也不在此相陪，便干他的事去了。（第十四回）

那东南上一片大房子，便是他家的庄园；西北上好些树那里，便是他家的坟地。（第二十三回）

他这所住宅门前远远的对着一座山峰，东南上有从滹沱，桑乾下来的一股来源，流向西北，灌入园中。（第二十四回）

“东西南北”有1例：

安老爷说：“怎的没有！凡是老圈地，都有部颁龙票，那上面东西南北的四至都开得明白。只是老年的地不论顷亩，只在一夫之力一天能种这块地的多少上计算，叫作一晌。所以那顷数至今我再也弄不清了。”（第三十三回）

“南北东西”有1例：

他也乐得不分南北东西，不问张王李赵，进了门儿，两只手先拉着俩嬷嬷道了阵喜，然后又乱了一阵。（第三十五回）

《儿女英雄传》中“北”类合成方位词的句法功能分布情况见下表：

形式	句法功能								
	派生式合成方位词				复合式合成方位词				
	北边（儿）	北面	北头	以北	南北	东北	西北	东西南北	南北东西
北	6	10	1	3	15	2	12	1	1
比重	11.8%	19.6%	2.0%	5.9%	29.4%	3.9%	23.5%	2.0%	2.0%

可见，《儿女英雄传》时期新出现了“北”类派生式合成方位词“北边（儿）”，且在句中多作宾语，这一时期方位后缀多用“边”“面”“头”，“北

方”不再出现。派生式合成方位词中“北面”比较常见，“北边（儿）”的比重大幅度下降；复合式合成方位词中新出现了“东西南北”一词，且“西北”的使用频率远高于“东北”的使用频率，是“东北”的6倍。总体而言，与《金瓶梅词话》时期相反，《儿女英雄传》时期“北”类合成方位词以复合式合成方位词为主，派生式合成方位词所占比重下降。

本章我们通过对《儿女英雄传》中“左”“右”“东”“西”“南”“北”语义、句法功能进行描写，对这一时期这几个方位词的演变规律作以下总结：

从语义演变的角度来看，这一时期“左”新出现了方位引申义“差错，错误”，这是这一时期独特的语言现象，“左右”表“近侍”的情况在这一时期不再出现。“东”“西”“南”“北”类方位词的语义发展则相对稳定。

从句法功能发展的角度来看，这一时期最大的特色是出现了“左边儿”“东/西/南/北边儿”等带儿化音的派生式合成方位词，体现了这一时期儿化音在方位词领域的反映。《儿女英雄传》时期“左右”作句法功能的虚化程度不断加强。这一时期“东/西/南/北×”的区域划分逐渐细化，“×”由原来的表江河湖海到多用于表屋舍等的方位。复合式合成方位词的发展也有一定的规律，如“西北”的比重多于“西南”，“东南”多于“东北”，“东南”多于“西南”等，从一定程度上反映了这个时期人们对于复合方位词的使用习惯。

参考文献

［1］魏励．常用汉字源流字典［M］．上海：上海辞书出版社，2010.

［2］毛晃增注，毛居正重增．增修互注礼部韵略［M］．北京：北京图书馆出版社，2005.

［3］常林炎．尊右、尊左辨［J］．北京师范大学学报（人文社会科学版），1989（5）.

［4］王希杰．就左和右说语言和文化关系的复杂性［J］．新疆大学学报（社会科学版），2004（2）.

［5］储泽祥．现代汉语方所系统研究［M］．2版．武汉：华中师范大学出版社，2003.

［6］杨伯峻，何乐士．古汉语语法及其发展［M］．北京：语文出版社，1992.

［7］姚炳祺．“其”字的早期用法［J］．学术研究，1983（6）.

［8］胡裕树．现代汉语［M］．上海：上海教育出版社，1962.

［9］唐兰．释四方之名［J］．考古，1936（4）.

［10］李佐丰．先秦汉语实词［M］．北京：北京广播学院出版社，2003.

［11］齐沪扬．现代汉语空间问题研究［M］．上海：学林出版社，1998.

［12］廖秋忠．空间方位词和方位参考点［J］．中国语文，1989（1）.

［13］许慎．说文解字［M］．北京：中国书店，1989.

［14］周晓陆．释东、南、西、北与中——兼说子、午［J］．南京大学学报（社会科学版），1996（3）.

［15］朱骏声．说文通训定声［M］．北京：中华书局，1984.

［16］班固．汉书律历志［M］．北京：中华书局，2012.

［17］《古代汉语词典》编写组．古代汉语词典［M］．北京：商务印书馆，1998.

［18］陆德明．经典释文［M］．北京：中华书局，1983.

［19］蒋逸雪．释四方［J］．扬州大学学报（人文社会科学版），1981（4）.

［20］张文国，张能甫．古汉语语法学［M］．成都：巴蜀书社，2003.

［21］丁声树，等. 现代汉语语法讲话［M］. 北京：商务印书馆，1961.

［22］吕叔湘. 现代汉语八百词［M］. 北京：商务印书馆，1980.

［23］朱德熙. 语法讲义［M］. 北京：商务印书馆，1982.

［24］黎锦熙. 新著国语文法［M］. 上海：商务印书馆，1956.

［25］张世禄. 先秦汉语方位词的语法功能［J］. 河北大学学报（哲学社会科学版），1996（1）.

［26］马建忠. 马氏文通［M］. 北京：商务印书馆，1983.

［27］杨荣祥. 论“名而动”结构的来源及其语法性质［J］. 中国语文，2008（3）.

［28］邱斌. 古今汉语方位词对比研究［D］. 上海：复旦大学，2008.

［29］李毓芙. 世说新语新注［M］. 济南：山东教育出版社，1989.

［30］刘义庆. 世说新语译注［M］. 北京：北京燕山出版社，1996.

［31］林晓恒. 中古汉语方位词研究［M］. 北京：中央民族大学出版社，2010.

［32］徐时仪. “东西”成词及词义演变考［J］. 汉语学报，2010（2）.

［33］储泽祥，王寅. 动词的“重新理解”及其造成的影响［J］. 古汉语研究，2009（3）.

［34］王鸿滨. 介词“自/从”历时考［J］. 上海师范大学学报（自然科学版），2007（1）.

［35］储泽祥. 汉语空间方位短语历史演变的几个特点［J］. 古汉语研究，1996（1）.

［36］张谊生. 现代汉语虚词［M］. 上海：华东师范大学出版社，2000.

后　记

祖母是胡适母亲那样的大家闺秀。她老人家虽然不识字，但从不与儿媳妇有半句闲语。她嫁来施家时，刚好同村的其他两户人家也娶媳妇，于是祖母的父亲就“斗”起了“嫁妆”。那时候，祖母不仅有陪嫁丫鬟，光是她带来的嫁妆就足足摆满了一条巷子。直到祖母步入老年，住在八角井镇的小表姨都称赞她文静、清爽，与一般的农村老太太气质不同。我从入学起，祖母就谆谆教导我，“你太公是秀才，你也要争气啊”。待上了三年级，我便渐渐开始用功起来，那时坐在窗下看书，日旰忘食。

1993 年春，江苏省最后一次高考前的预考结束了，那时预考也能填报志愿，校方会择优录取。父亲的原则是只读“公费”（不花钱）学校。我考虑再三，只能先把农村户口转出去，吃上“皇粮”再说。当时学生们的高考压力很大，本校的一位学长在食堂就餐时因脑溢血而瘫痪，后来还有一位因压力过大而精神失常。

当时我的成绩在城东中学文科班排名第一，总分 520 多分，超过第二名 20 多分，在全县也是名列前茅。班上尽管有七八十个人，但是进入预考录取的却寥寥无几。奇怪的是班主任先后让我填写了三次志愿表，从最初的“南京师范大学”“徐州师范大学”（2011 年更名为“江苏师范大学”）到某高专学校，填完了，说不对，让我重填；重填后，过了一天，又说不对，再重填；直到最后志愿表上仅剩下一个学校，一个专业。2018 年春节，据一位同学回忆，当时她也被班主任要求改过一次志愿表，我从而想起了一句很有名的话：“人类的历史在很忍耐地等待着被侮辱者的胜利。”

2010 年，我有幸在高福民书记和崔志明校长的领导下，一边教书，一边编辑学报。这一年，我也有幸评上了副教授，次年还“中了个大奖”——获得了一个教育部的语言学研究项目。于是我又一头扎进浩如烟海的故纸堆。在这里，我要感谢曹炜老师的全程指导和蔡思杨、王莹、江慧慧、李璐、季林莉、胡敏韬等团队成员的帮助。

在整理史料的过程中，我见到了太多的兴衰成败、荣辱悲欢，渐渐对历史时代的变迁有了一点反思和触动。放眼看东周，林林总总，几十上百个国家，竟然产生了诸如管子、老子、孔子、墨子等众多的思想家。中国人的精神发育是何等的健全！其面貌是何等的意气风发！及至两汉以后，游牧民族南下，“游牧”和“农耕”两大文化的碰撞使得中原君臣一度萎靡不自信。宋起，融入了少数民族基因的中国人似已发育成熟，国家的经济文化发展与繁荣规模空前。

但元兵的南下，打断了南宋贸易立国、走向海洋的进程……明清时期的国人，更是退化为一个个顺民。无怪乎当马嘎尔尼、利马窦在踏入中国国境之时，看到的是一个停滞不前的国家。

正如克罗齐所言：一切古代史都是当代史。

当我们抬起头来瞄一眼现实，真可谓是应了狄更斯的话：这是最好的时代，这是最坏的时代，这是智慧的时代，这是愚蠢的时代；这是信仰的时期，这是怀疑的时期；这是光明的季节，这是黑暗的季节；这是希望之春，这是失望之冬；人们面前有着各样事物，人们面前一无所有；人们正在直登天堂；人们正在直下地狱。

在长期的摸索中，中华文明的九曲十八弯终于找到了入海口，又重新拥抱蓝色，拥抱世界。

2016 年，苏州职业大学也迎来了新的发展契机：在钮雪林书记和曹毓民校长的带领下，产学研的融合风生水起，校企合作渐入佳境，为学校弘扬工匠精神打下了良好的基础。

学校学风纯真的气氛也感染了我，从而加速了对书稿的修改进度。

我用“单兵推进”的方式完成了科研项目，结集成书，并使三本书实现了“群像呈现”。这便是大家目前看到的《汉语方位词“前”“后”发展演变史》《汉语方位词“上”“下”“内”“外”“里”“中”发展演变史》《汉语方位词“左”“右”“东”“西”“南”“北”发展演变史》。

在本书推出之际，我要感谢苏州大学文学院的博士生导师曹炜老师，他既是严师，又如慈父，始终关心着我的成长。王继如老师学识渊博、古道热肠，徐山老师古汉语学养深厚、诲人不倦，马克思主义学院的戚福康老师无私帮助，护佑着我一路前行。苏州职业大学钮雪林书记和曹毓民校长、刘丹副书记，及常熟理工学院的丁晓原老师、周宏老师、王任老师等也在工作中给予我诸多帮助和鼓励。远在湖南的甘智林兄还阅读完了《汉语方位词“前”“后”发展演变史》的初稿。在这套书的写作过程中，同窗好友竺炯操、沈斌也给予我较多生活上的帮助。另外，对赵龙祥、张薇、张霞、蔡建平、李娟、张寒、潘文卿以及北京的同学们，在此一并表示感谢。

由于科研时间比较紧迫，加上核心团队成员缺乏，以致进展比较迟缓到目前，项目已延期一年，只能将初步的研究成果勉强成册出版，书中肯定还有一些不足乃至谬误，敬请方家不吝指正，以待再版时修订！

施建平

2016 年春记于苏州吴中苏蠡花园